憲法　近代知の復権へ

樋口陽一

東京大学出版会

Constitutionalism in a Globalizing World:
Individual Rights and National Identity
Yoichi HIGUCHI
University of Tokyo Press, 2002
ISBN 4-13-031175-1

憲法　近代知の復権へ／目次

I　何が問題か

1 「近代理性主義擁護の最後のモヒカン」？
——憲法学にとっての二〇世紀

［2001］

一 「ドイツ基本法五〇年」と「日本国憲法五〇年」

一九九九年のドイツ国法学者大会で会長演説をしたクリスチァン・シュタルクは、「一九四九年―一九九九年」と題し、「基本法五〇年」と「再建後のドイツ国法学者大会五〇年」を同時に意味する時点に立って、回顧と展望を試みている(1)。

憲法裁判への裁判官としての直接の関与を含め、ドイツの憲法学は、五〇年間の憲法現実そのものの形成に効果的にかかわってきた。その点で、日本の五〇年間とはまったくといってよいほど対照的であった。「日本国憲法五〇年——回顧と展望」を主題とした一九九六年日本公法学会研究総会での、二つの記念講演は、あらためて彼我の対照を示している。

戦後憲法学の主流を継承し展開させた故・芦部信喜は「改憲論およびそれとセットで打ち出された軍事、公安・労働、教育、福祉あるいは選挙制度改革などの諸政策を前にして、自由主義的・立憲主義的憲法学は批判の学ないし抵抗の学としての性格を強めざるを得なかった」と指摘し、「私も非力ながら私なりに、厳しい憲法状況と向い合い、それを常に意識しながら、憲法価値の実現を目指して学ぶところ多かった五〇年のように思います」と述べなければならなかった。[2] 他方、違憲審査の実務にたずさわった経験をふまえて伊藤正己も、「憲法学と憲法裁判の乖離の現象とその原因と考えるもの」の検討を主題としなければならなかった。[3]

ところで、編集部から課されたテーマ「憲法学にとっての二〇世紀」について書くのに、二〇世紀後半のドイツと日本の対照から始めたのは、それなりの理由がある。

それは第一に、「憲法学にとって」という観点からすると、「二〇世紀」のプロブレマーティクは、何よりドイツの場合に鮮明にあらわれてくるからである。第二にまた、二〇世紀の後半と前半との間にどのような連続と断絶を認識するかという問いが、二一世紀への境い目にあたる「いま」についても、あてはまるだろうからである。

二　「短い世紀」

さて、二〇世紀を「過激の時代」と形容した歴史家ホブスボーム[4]は、この世紀を「短い世紀」とも定義する。彼によれば、二〇世紀は一九一四年に始まり、一九九一年に終る。[5] 彼自身も言うように、時期区分は「便宜の問題」であり、それ自体について「歴史家たちが争うに値することがらではない」だろう。それはそれとして、しかし、「憲法学にとっての二〇世紀」を問う見地からすると、彼の定義は、大いに有効である。

というのは、一九一四年に始まる第一次大戦は、一九世紀に形成されてきた「ヨーロッパ的秩序」——その法的表現が「近代立憲主義」にほかならない——の大きな動揺の引き金をひくものだったからである。

実際、一九一七年ロシア革命により、社会主義は思想や運動にとどまらぬひとつの権力秩序となり、その強烈なインパクトのもとに生じたさまざまの出来事のひとつが、一九三三―四五年にわたるナチス支配であった。そして、ナチスドイツの敗戦（一九四五年）と社会主義権力秩序の内部崩壊（一九九一年）という二つの「戦後」――第二次大戦と冷戦それぞれの「戦後」――は、どちらも憲法のあり方にそれぞれの変化・変動をうながすものとなった。

「短い二〇世紀」の前半に近代立憲主義の全面否定を経験した世界は、その後半に、現代型の修正を加えて西欧立憲主義を再構築することができた。それは実は西欧世界の外側からのインパクト――社会主義内部での抑圧体制の継続と裏腹に、社会主義の存在という外圧が、資本主義世界での現代型修正を促した、という意味で――によるところが大きかった。一九九一年に「短い二〇世紀」が終り、そのような外圧が消滅するとともに、「一極支配」と呼ばれる新秩序――正確には新・無秩序――は、「二〇世紀後半」につみあげられたシステムのいわば液化・流動化を、促進している。

ここで、さきに援用したシュタルクにもどろう。彼は、五〇年まえのドイツ国法学者大会再開の時点をふりかえって、「〔学会の〕あらたな建設を推進したのはとりわけエリッヒ・カウフマンとワルター・イエリネック、ナチス体制に迫害されたこの二人であり、他の人びとと連絡をとりながら、かつてのメンバーの誰が招かれないかを決めた……」とのべ、その「誰」について、ラインハルト・ヘーン、ルドルフ・フーバー、オットー・ケルロイターとカール・シュミットの名前を註記している。

そのうえでシュタルクは、「われわれはたしかに歴史学の学会ではない」としながらも、ワイマール期とナチス期の国法学を国法学者大会としての主題にとりあげるべきだと説く。彼は、学会の枠組での報告・討論は、論説や書物とは又ちがった仕方で問題をとりあげることになるとし、その際のキーワードとして、つぎのものを挙げる。――「ヴェルサイユ、経済危機、反民主主義の諸潮流、他のヨーロッパ諸国での権威主義的およびファシズム的諸傾向、民族主義、ヨーロッパ共通の法原理の排除、哲学における社会ダーウィニズムと反ヒューマニズムの諸傾向(6)」。

「歴史学の学会ではないが」と言うとき、そこには、国法学者大会が実定法学 Rechtsdogmatik としての公法学の諸課題を例年とりあげてきたこと、そこでの報告・討論が裁判実務の展開を反映すると同時にそれに影響をおよぼす性質のものだったことが、含意されている。しかも、多くの「国法学者」たちには、ドイツ語圏それぞれの国内だけでなく、ヨーロッパ統合にむけての、ヨーロッパ規模での立憲主義秩序の形成に対する、多かれ少なかれ楽観的・建設的な見方が、共有されている。「マーストリヒト以後のヨーロッパでの法源の多元性(7)」を論じながら、「法源論の国民国家一国主義」からの訣別と、法源の「ヨーロッパ化」を言う論客は、その典型例といえよう。そして現に、二〇〇〇年一〇月のＥＵ首脳会議は、ＥＵ基本権憲章を承認した。

そのような実定法秩序の安定を反映すると同時にそれに寄与してきた国法学者大会が、戦後五〇年目にあえてあらためて、「ナチスという精神と政治の暗黒」が「それに先行する時代の法倫理伝統と法治国家諸原理を根本からひっくり返すのを可能に」したのはなぜか(8)、を問うべきだというのである。

「過激」で「短い」ものとなった「二〇世紀」の激動の中心の役割を占めたのがドイツであり、その問題性を憲法の世界で集約的にくりひろげたのがそこでの憲法学であってみれば、シュタルクがあらためて呼び起こした問題は、当のドイツにとってだけではない、意味を持つはずであろう。

三　「一九三三―四五年」の前と後

一九世紀西欧諸国でそれぞれの型を整えた近代立憲主義は、一八八〇―九〇年代に刊行されることとなる、憲法学のそれぞれの古典のなかに反映する。ダイシーの『憲法研究序説』(初版一八八五年)、エスマンの『フランス及び比較憲法綱要』(初版一八九五―九六年)、G・イエリネックの『一般国家学』(初版一九〇〇年)がそれである。[9]

そこにえがき出されていた憲法秩序と憲法理論体系の安定をゆさぶる憲法学が、まさしく「過激」で「短い」世紀の始まりとともに登場してくる。そのような意味で、一九世紀型憲法学の安定した像を論理的にゆさぶる思考の二つの典型が、C・シュミットとH・ケルゼンであった。前者が、先行する「国法学」(Staatsrecht)を、「正に重大かつ有意義な憲法上の問題のはじまった所で終っ」てきた[10]として、自分の主著(一九二八年)にあえて「憲法学」(*Verfassungslehre*)という名を冠したことは、あまりによく知られている。後者についていえば、その「純粋法学」は、「ブルジョワ法理論の傾向」を批判し「あらゆるイデオロギー的隠蔽から自由な法認識であろうとするがゆえに『純粋』なもの」、と自己規定していた。[11]

一九世紀型近代に対しその自明性を俎上にのせる論理を――ちがった仕方で――提示した点で、この両者は、ともに「二〇世紀」の問題性を表現していた。そのうえでしかし、実践上の選択は、よく知られているとおり、対照的な二つの方向に分かれる。

シュミットは、近代憲法の安定性をやぶる決断主義を主張する。憲法制定権力の動態的観念はそのためのキーコンセプトであったし、議会制と民主主義を切り離し、民主主義の名において独裁を正統化する論法も[12]、そうであった。彼の決断主義は、権力秩序をうち固めおわることとなったナチス体制のもとでは、さきのシュタルク演説で名前をあげられたケルロイター、つぎにはヘーンらによって「ナチズムの真の正統ドクトリン[13]」の位置を奪われるようになる。それはそれとして、しかし、ドイツでの近代憲法史の到達点だったワイマール体制を「根本からひっくり返す」には、決断主義思考という梃子が不可欠だったのである。

それと対極的にケルゼンは、法のイデオロギー性を暴露してみせる傍ら、その近代憲法原理を、実践的にあえて擁護する立場に立つ[14]。支配の欠除を理念とし、社会的拘束、特殊には国家の否定を意味するはずの「自然的自由」から、「社会的あるいは政治的自由」への転化を問題とし、後者はデモクラシーと必然的に結びつくとして、議会制民主主義を擁護するのである。そこでは、決断でなく「ますます妥協の政治となる」ものとして、デモクラシーが再確認される。

ある世代以上の日本の読者にとってあまりに周知の、右のような図式をあえて大ざっぱにえがき出したことについては、理由がある。

一九二〇—三〇年代の、近代憲法秩序をめぐっての批判と擁護の対抗図式は、つぎのように特徴づけることができた。——そこでは①何より議会制民主主義の機能不全を前にして、②いわば外側からの「決断」による克服か、内側での「妥協の政治」かの選択が問題であった。③そして、議会制民主主義の機能障害をもたらした根源にあると目されたのは、ロシア革命とその西欧への衝撃によってあぶり出された階級対立であった。

一九三三—四五年の「暗黒」を大きな犠牲を払ってぬけ出した二〇世紀後半は、一九世紀型近代憲法の達成をあらためて再確認したうえで、いくつかの現代的特徴をつけ加え（基本権については社会権、統治機構については違憲審査制が、何よりそうである）、一九六〇―八〇年代にわたって、ふたたび一つの安定をつくり出すことができていた。その間に「短い二〇世紀」を終えて「二一世紀」にさしかかった一九九〇年代の状況は、どうか。

　近年の憲法学のひとつの傾向として、憲法制定権ないし主権の観念の[15]再登場をとり出すことができ、それは、既存の立憲主義憲法秩序の自明性の動揺を示す兆候なのかどうかが、問題とされてよいだろう[16]※。ここでは、①′「違憲審査制革命」（カペレッティ）といわれるまでにこの制度が広いコンセンサスの対象となり、裁判が憲法論の主要なアリーナとなった状況が、ひとまず前提となっている。②′それを立憲主義・法治国家の完成と見て積極的にうけとめるのが大方の見解であり、それに対抗して、国民自身による決定――法の名による決定に対して国民自身の名による決定――の復権を説く主張があらわれる。この対抗は、より日常的な場面では、違憲審査が基本権という実体価値の擁護を標榜するものであるのに対し、政治過程の場に憲法論をとりもどそうという主張となり、違憲審査の場面でも、実体価値の確保よりも争い方という手続過程を重視する見地となってあらわれる。

　③′違憲審査へのコンセンサスとしてあらわれるような、立憲主義・法治国家の安定の裏側にあえて目を向けようとする立場は、そこにどんな不安定要因を見出すのか。かつての古典的な階級対立にかわるものとして、エスニシティ・言語・宗教上の少数集団、外国人、居所を持たぬ者（ＳＤＦ）、同性愛者などを含む〈exclus〉（排除されている人々）の存在である。これらの存在は、地球規模にひろがっている「先進国vs第三・第四世界」の階級対立を背景として理解するとき、いっそう深刻に意味づけられる。これらの不安定要因を重く見ればこそ、違憲審査制・法治国家への方向をいっそう推進しようとする立場と、新

しい決断主義への傾向を見せる立場が、分かれるのである。

四　二〇世紀憲法学の正の遺産への態度決定

「憲法学にとっての二〇世紀」の正の遺産の継承人としての地点に自分自身の座標を定めることとなった知識人のひとつの典型が、ハーバーマスであろう。フランクフルト学派の旗手ともいうべき存在だった彼が、ドイツでは体制のシンボルでもある「憲法」を援用して「憲法パトリオティスムス」を掲げることになったについては、「批判理論の改宗？」かどうかが議論されてきた。[17]ドイツ公法学の伝統ある専門誌にのった最近の一論説は、「経済的不平等、排除、貧困は、『理性』とコンセンサスが支配するハーバーマスの理論には居場所がない」として、「啓蒙の『理性』を救い出そうと試みる」彼を、「近代『理性主義』の擁護の最後のモヒカン」と評する。[18]

もともと、彼の「コミュニケーション理論」に対しては、「カール・シュミットによって想定されていたような事態をカッコに入れ」、「例外事態を度外視したときだけ可能」[19]という批判があった。この指摘は、それとして全くその通りというほかない。そのことを十分承知したうえでハーバーマスは、あえて「例外」時でなく平時を想定して対話の徳を説いているという意味で、「二〇世紀」前半のシュミットに対してケルゼンが足場を定めた地点に立っている。

憲法裁判へのコンセンサスにあらわれているような、立憲主義・法治国家の表層の安定を、あえて剝ぎとりたい知的関心。それが欧米の学界の一傾向を触発しているのだとしたら、日本の場合、状況はあまりに離れて遠い。司法改革をめぐる議論でも、憲法調査会の内外でのやりとりを見ても、一九七〇年代以来の世界規模の「違憲審査制革命」にどうやって参入すべきか、という問題関心それ自体が、ほんの片隅に顔を出しているかいないか、というところである。

そういう中で、このところおもに憲法学の外側から、緊急事態法制の必要が強調され、憲法の最高法規性・硬憲法性を低め、「国民すなわち国会」の議決で憲法を廃棄しようというアイデアまでが、斬新なものであるかのように唱えられている。より一般に、戦後民主主義の「なまぬるさ加減」をあげつらって、決断主義的思考を待望する論調が支配的になってきている。

西欧での、ここでとりあげてきた最近の一傾向は、違憲審査へのコンセンサスが広がるなかで、潜在・ときに顕在する社会そのものへの異議申立てが、立憲主義・法治国家の現状維持機能のなかに「回収」されてゆくことへの危機意識を背景としていた。とはいってもそれは、「過激な世紀」だった二〇世紀の二〇—三〇年代の経験と教訓をそれなりに濾過したものでもあった。そこには、二〇世紀後半と前半との間の継承と断絶の関係についての、一定の認識が共有されている。

それと対比して見ると、いま日本での、いってみれば決断主義的な思考のなかには、「先行する時代の法倫理伝統と法治国家諸原理を根本からひっくり返す」こと自体を単純そして公然と掲げる主張すらある。それはそれとして別格としても、立憲主義・法治国家の理念がいま「憲法ゲマインシャフト」（ヘーベルレ）として拡がってゆくことに対して、ひたすら単純な意味でそれへの同調を拒もうという方向が、——なかには文化多元主義というイデオロギーを掲げながら——見えてきている。こういう漂流状況のなかで、それぞれの憲法学は、どのように足場を定めるべきか。

（1）Christian Starck, 1949–1999, Aussprache des Vorsitzenden, in *Veröffentlichungen der Vereinigung der Deut-*

schen Staatsrechtslehrer, 59, 2000, S. 7 ff.

（2）芦部信喜「人権論五〇年を回想して」『公法研究』五九号（一九九七年）三頁。

（3）伊藤正己「憲法学と憲法裁判」『公法研究』（前出註2）三一頁以下。

（4）最近刊のものとして、イタリアの *La Repubblica* 論説委員アントニオ・ポリートによるインタヴューを翻訳したものとして、Eric J. Hobsbaum, *Les Enjeux du XXIe siècle*, 2000 がある。ここでの引用はそれによる。

（5）「短い二〇世紀」の始期を一〇年早めて、一九一四年でなく一九〇四―〇五年とすることも、できるかもしれない。日露戦争によるロシアの勢力失墜は、「ヨーロッパ的秩序」の動揺を、その秩序の辺境をゆるがすことによって加速する意味を持っていたからである。

（6）Christian Starck, a. a. O., S. 9–10.

（7）Peter Häberle, Pluralismus der Rechtsquellen in Europa-nach Maastricht: Ein Pluralismus von Geschriebenem und Ungeschriebenem vieler Stufen und Räume, von Staatlichem und Transstaatlichem, in *Jahrbuch des öffentlichen Rechts*, neue Folge 47, 1999, S. 79 ff. 特に S. 96–97.

（8）この部分を、シュタルクは、Rüdiger Breuer, Staatsrecht und Gerechtigkeit, in *Festschrift für Redeker*, 1993, S. 11, 16 からの引用という仕方でのべる。

（9）英→仏→独をクロノロジカルにこのように並べてくると、日本憲法学では、おのずと、美濃部達吉があげられよう（まだ憲法講座を担当しておらず、大学での講義でなかったことの意味を含めて、『憲法講話』刊行の一九一二年という時点が、ここに並ぶこととなる）。

（10）カール・シュミット（尾吹善人訳）『憲法理論』（創文社、一九七二年）七一頁。

（11）Hans Kelsen, Allgemeine Rechtslehre im Lichte materialistischer Geschichtsauffassung, *Archiv für Sozialwissenschaft und Sozialphilosophie*, 1931, S. 454. ――純粋法学に対して、*Reine* Rechtslehre ist *keine* Rechtslehre とか rechts*leere* Rechts*lehre* と呼ぶ語呂あわせの揶揄がある。「実定法学に役に立たない空理空論」という通俗的な含意を超えて、これらの呼び名は期せずして、この方法が実定法・実定法学にとって、その根拠を問い糺すという危険な要素を持つこと

を、示唆している。

(12) 拙訳「現代議会主義の精神史的状況」「議会主義と現代の大衆民主主義との対立」(シュミット『危機の政治理論』[ダイヤモンド社、一九七三年] 所収)。

(13) フランスからの観察者ロジェ・ボナールによる表現 (私の『権力・個人・憲法学』学陽書房、一九九九年、八―九頁)。

(14) ケルゼン (西島芳治訳)『デモクラシーの本質と価値』(岩波文庫――原著の第二版一九二九年) の論述がその典型である。方法論上の懐疑主義をとるケルゼンが、「本質」(Wesen) と「価値」(Wert) を説くという一見しての矛盾をどう解釈するかにつき、この本の仏訳 (一九八八年刊行) の巻頭で、ミシェル・トロペールの論説がとりあげている。ごく簡単には、私の『転換期の憲法?』(敬文堂、一九九六年) 五八―六〇頁。

(15) ここで言うのとは違う文脈での、憲法制定権力論の登場の意味について、言及しておく必要がある。旧ソ連・東欧世界での「帝国」の崩壊をうけて新国家が建設されるとき、「国民国家」を標榜しながら、実は「民族」(=ethnos) という排他的な要素を国家形成の基本とし、そのことによって「国家が民族の人質となる」(フライナー) 悲劇を生んでいるが、それに対し、理性的な自己決定の所産として説明される国家を、人民 (=demos) の憲法制定権力の行使として構想するという文脈で、この観念が使われるのである (このことにつき、後出第13章)。そこで憲法制定権力の観念は、憲法運用の場面ではなく、憲法制定=国家創設の場面に、出番を限られている。

(16) この文脈で、期せずしてアメリカ合衆国、ドイツ、フランスについての最近の――支配的傾向に対する論争提起の意味を持つ――見解を紹介・検討する論述が、日本の読者に提供されている。――アメリカについて阪口正二郎「立憲主義と民主主義」特にその(7)(『法律時報』七〇巻八号、一九九八年 [→同『立憲主義と民主主義』日本評論社、二〇〇一年、九六―一一二頁])、ドイツについて毛利透「主権の復権?――インゲボルク・マウスの国法理論管見――」(『筑波法政』一八号その一、一九九五年)、フランスについて山元一「『憲法制定権力』と立憲主義――最近のフランスの場合――」(『法政理論』三三巻二号、二〇〇〇年)。「シュミットの『憲法制定権力』論が《アンチ議会制》という時局的意味を担っていたとするなら、現在のフランスにおいては、《アンチ憲法裁判》とまではいえないにしても、『民主主義』と憲法裁判の間のあるべき緊張関係の復活という役割が、『憲法制定権力』観念に強く期待されている、といえよう」(山元・三九―

四〇頁、傍点原文）という記述は、本稿の認識と一致する。

(17) Otfried Höffe, Eine Konversion der kritischen Theorie?, in *Rechtsphilosophisches Journal*（12）, 1993, S. 70 ff. ——同じ号にのったB・シュリンクのハーバーマス批判（「黄昏か黎明か——ユルゲン・ハーバーマスの、民主的法治国家の討議理論について」）に関しては、私の『転換期の憲法？』三一—三四頁で、簡単に言及しておいた。

(18) Georges Vlachos,《La tentative de reconstruction de l'ordre politico-juridique》par Jügen Habermas, in *Jahrbuch des öffentlichen Rechts*, neue Folge, Bd. 48, S. 149 ff.

(19) Philippe Raynaud, Le décisionnisme de Carl Schmitt, in *Esprit*, nov. 1988, p. 136. これは、一九七〇年代以降、とりわけ八〇年代後半以降になって顕著になった、フランスでの「シュミット発見」の文脈で書かれた論説のひとつである。その後も、シュミットの著作の仏訳が次から次へ出版され、書店に横積みされているほどである。ちなみに、ド・ゴールの憲法観、したがって一九五八年憲法（特にその六二年改正）の決断主義的側面に影響を及ぼしたルネ・カピタンとシュミットの関係を主題とし、あるいはそれについて言及したものとして、今日のフランスのシュミット論をリードしているO・ボーによる二つの論説がある。Olivier Beaud, René Capitant, juriste républicain. Etude de sa relation paradoxale avec Carl Schmitt à l'époque du nazisme, in *Mélanges Pierre Avril*, Montchrestien, 2001 および René Capitant, Analyste lucide et critique du national-socialisme 1933–1939, in J. F. Kervégan, H. Mohnharpt（dir）, *Droit et philosophie en France et en Allemagne*, Frankfurt, Klostermann, 2001 ——シュミットとカピタンの人的交渉を含めた対照を論ずる仕事としては、すでに、Gwénaël Le Brazidec, *René Capitant, Carl Schmitt: crise et réforme du parlementarisme, De Weimar à la Cinquième République*, L'Harmattan, 1998 がある。

※［**八頁への補註**］　ドイツ再統一の際に連邦共和国基本法一四六条をめぐる議論のなかで焦点となった憲法制定権力論には、特別の意味あいがあった。

ドイツ連邦共和国基本法は、第一の「戦後」によってつくられた東西分裂国家の一方だったがための暫定性の建前を反映して、「憲法」でなく「基本法」とよばれていたのであり、その末尾に置かれた条項で、「ドイツ国民の自由な決定により定められる憲法が施行される日に、その効力を失う（一四六条）とされていた。その一四六条は、しかし、両ドイツ統一の際に使われることなく終った。統一は、その完了とともに削除されることとなる基本法旧二三条を使って、基本法の適用範囲に旧東ドイツの諸ラント（そのために五つのラントがつくられた）が加入する、という方式がとられたからである。

そのような経過のなかで、また、そのような経過をふりかえって、「憲法制定権」をめぐる議論が多くなされることとなる。

もともと、基本法のテクストは、前文では過去形で、一四六条では将来を語る文脈で、「憲法制定権」に言及していた。前文は「ドイツ国民は……その憲法制定権にもとづいてこの……基本法を定めた」とのべていたし、一四六条は、憲法改正につき定めている七九条（国民の直接投票によらない議決手続と、一定事項の改正を禁止する内容的拘束を課していた）に言及することなしに、「ドイツ国民の自由な決定」で「憲法」が定められるべきことを語っていたからである。「憲法制定権」は、過去形で援用されるときは「（それによって定められた）基本法の正統化」というはたらきをするのに対し、将来についてもち出されるときは「基本法の解消」をもたらすことになる（Hans Peter Schneider, Die verfassungsgebende Gewalt, in *Handbunch des deutschen Staatsrechts*, Bd. VII, 1992, S. 3 ff. は「基本法における憲法制定権」を論じて、右に引用した二つの機能をとり出す（特に S. 20 ff)。

二三条でなく一四六条に従って、また直接投票という形で、「ドイツ国民の自由な決定」をし、統一の正統性を明確に基礎づけるべきだという主張は旧西ドイツで少なくなかったが、コール政権は二三条方式での統一を急いだ。東西両政府間に結ばれた統一条約五条により二年以内に検討されるべきことを示唆されていた「一四六条の適用とその枠内での国民投票」も、おこなわれなかった。統一に際して一四六条方式の主張を実現できなかった野党（社会民主党、緑の党）側は、なお一四六条を基本法の中にのこすことを求め、妥協の結果として、同条の最初に副文章を入れて「ドイツの統一と自由達成の後、全ドイツ国民に効力を有する」「この基本法は……」とすることで決着がついた。

こうしてできた新一四六条について、二つのとらえ方が対立することとなる。一方からは、旧一四六条が用済みとなって「憲法上『非法』となった憲法制定権を」「再建しようと試みる」ものであり、新一四六条は「違憲の憲法」とすら目される（Richard Bartlsperger, Verfassung und verfassungsgebende Gewalt im vereinten Deutschland, in *Deutsches Verwal-*

tungsblatt, 1. Dezember 1990, S. 1285 ff. 特に S. 1330.）。他方からは、そのような見方は、基本法七九条三項による内容的拘束は「『憲法化された』形での憲法制定権にも限界を課している」のだ、ということを見すごすものであり、「新一四六条で規範化された国民の憲法制定権は決して『前国家的』性格のものではなく、基本法の構造の中にくみこまれている」と説かれる（H. P. Schneider, a. a. O., S. 23–24.）。

一方は、一四六条の「憲法制定権」を「始源的」なものとしてとらえ、それゆえ立憲主義にとって危険だとして名目化し――ひとによっては端的に「違憲の憲法」とし――、他方は、それを「憲法化」されたものとしてとらえ、だから現実に行使可能なものという性格を与えようとする。

二つの立場は、それぞれ実践的な判断に対応している。一方は、一四六条の「国民の憲法制定権」にこだわることによって、憲法の正統性をそれだけ強めようと考える。他方は、国民投票に付することは「憲法コンセンサスの強化でなくて弱化と不安定化、国民の統合でなく分裂」をもたらし、「その準制憲行為への［おそらく］みすぼらしいほどの投票率が、あらゆる憲法反対者たちによって、憲法忠誠と憲法の通用力を解体させるために利用し尽くされるだろう」と考える。そこまで言うこの論者は、同時に「統一ドイツの憲法として基本法が効力を持つべきことは、いま、およそ先入見を持たぬ観察者にとっては争いの余地のないこと、それどころか自明のこと」とものべながら、しかしそう言うのである（Martin Heckel, Legitimation des Grundgesetz, in *Handbuch des deutschen Staatsrechts*, Bd. VIII, S. 522–523.）。

Ⅱ　知の枠組

2　知とモラル　そして知のモラル

――「知」の賢慮に向けて

［1996］

一　知とモラル、または「知」を抑制するモラルのこと

「知のモラル」というタイトルを見て、素直にその中身に入ってゆける人は少ないのではないでしょうか。といってもそれは、「知」も「モラル」も、今どき口に出して言うのは気はずかしいような言葉だから、というふうな、感覚的な次元でのことではありません。もっと論理的な次元でのことです。

というのは、私たちがなじんできた近代の「知」観からすると、「知」と「モラル」は真向から対立するものと考えるのが、むしろオーソドックスなうけとめ方だったはずだからです。神をも怖れぬ反「モラル」の精神が、近代「知」を鍛えあげてきたのではないでしょうか。悪魔に魂を売っても、この世の奥を統べているものを「知」りたい、という衝動が、壮大な近代「知」の体系をつくりあげてきたのではないでしょうか。もっとひらたく言えば、「真」と「善」「美」は別物だからこそ、「真・善・美」という言いまわしがあるのではないでしょうか。

それに、近代日本の学問の世界で、新カント派流の二元論は、たいへん強い影響力をもちつづけてきました。存在と当為、在るもの（Sein）と在るべきもの（Sollen）、認識と評価を、二項対立的にえがき出

す考え方です。

もっとも、方法二元論といっても、いろいろな問題局面があります。自分にとってそれが望ましいからといって、在るものを無い、無いものを在る、と言ってはいけないという約束ごとなら、当りまえのことでしょう。

当りまえのことは当りまえのこととして前提としたうえで、しかし、もう一歩ふみこむと、ひとによって考え方が違ってくる岐れ道があります。

「であること」の認識が得られたとして、「であるべき」だという評価をそこから引き出すことはできない、という立場を認識・評価峻別論と呼ぶことにしましょう。それは、何より、認識の客観性を確保しようとするねらいをもつものといえるでしょうが、そういう目的を共通にしながらも、それに伴って生ずる附随的効果にどう対処するかによって、三つのちがった態度がありうるでしょう。

第一の立場は、認識という行為——認識結果の伝達を含めて——にたとえどんな附随的な効果が伴ったとしても、そのことを無視して認識行為にたずさわるべきことを主張します（単純峻別論）。それに対し、第二の立場は、認識行為にはそれとして徹するけれども、それとは別に、その人にとって好ましくないと思われるような附随的効果が予想される場合には、その効果をうち消すための評価的態度をとるでしょう（批判的峻別論）。第三の立場は、予測される附随的効果に対する自分自身の評価にもとづいて、認識という行為をするかしないかの決断、たとえば、研究の中断とか研究結果を公表しないという決断をするでしょう（認識と評価の自覚的結合論）[1]。

第一の立場（単純峻別論）は、一見すると、峻別論の論理にいちばん忠実なように見えます。だが、本当にそうなのでしょうか。認識と評価が異質の人間行動であることがいえたとして、方法二元論の立場に立つかぎり、そのような認識上の命題から、「だから両者を峻別すべきだ」という評価的な命題が自動的に出てくるとはいえないはずです。だとすると、「であること」についての認識の成果を公表することが、「であるべきこと」についてのその人の評価的立場と衝突するときに、それでもあえて認識の成果を公表するかしないか、公表するとしてそれに伴う附随的効果にどう対処するかは、その人自身の実践的決断として選択されるべきでしょう。その際に、「私は認識に徹する学問の命ずるところに従っただけの話だ」という弁明をすることはできないはずです。

第二の立場（批判的峻別論）と第三の立場（自覚的結合論）は、それぞれ、その人自身の選択であることを意識するところに成り立っているはずの立場です。

そのうち、第二の立場に対しては、「常識的な合理性との衝突」、「我々を困惑させる要素を含んでいる」、というコメントがあてはまります。実際、問題となっているような場面にひとが当面した場合、「附随的効果を打ち消す努力の効果をも考慮した上で、なお公表を差し控えるという選択が、我々が通常考える合理性の観念に一致している」、とするのが常識というものでしょう。その意味で、第三の立場の方が、「我々の常識的な合理性の観念に適っている」のです。しかし、それをわざわざ「自覚的」結合論と呼んでまわりくどいほどの説明をしたのは、ほかでもありません。この「常識的」な立場は、常識的であるだけに、強烈な方法的「自覚」がないと、都合のわるいことを隠す自己検閲の誘惑に流されるおそれがあるからです。

他方で、話を第一の立場（単純峻別論）にもどしますと、これはこれで、方法二元論からすると一見「常識的」に見えるということに、さきほど注意をうながしておきました。批判的峻別論という「強烈な立場」、反・常識的な立場の存在理由は、二つの側での「常識」に対して緊張関係をつくり出すことによって、第一と第三の立場を選ぶひとに対し、それが自分自身の選択なのだということの自覚をうながす、というところにあるでしょう。

二　特に法学の「知」をめぐって

ところで、認識と評価という二つのものの関係をどう理解するか、ということとのかかわりでいうと、いろいろな学問分野のなかでも、法学の「知」にとって特有の問題があります。jurisprudence, Jurisprudenz（英語、ドイツ語で法学、フランス語では判例）という言葉のもとになっているのは、ラテン語の jurisprudentia です。まさに「法の賢慮」ですから、これは、はじめから評価的な立場を含んだ実践「知」でした。法学は、実際、「善と衡平の術」（ars boni et aequi）として扱われてきたのでした。

物理学を範型とする近代自然科学のあり方が、社会現象を相手とする学問にとっても、意識的・無意識的に、準拠基準と目される傾向が出てきますと、「法の賢慮」「善と衡平の術」は、その学問性をいささかならず疑われるようになります。もっとも、正統的な法学は、何しろローマ法にさかのぼる強固な伝統をひきついでいますから、そういった懐疑は、法学アカデミズムの主流にはなかなか反映されません。しかし、そうはいっても、意識的に方法論上の問題を考えようとする論者たちは、この主題に敏感にとりくむことになります。

「神学的段階」から「形而上学的段階」を経て「実証的段階」へと人間の「知」がすすんでゆく、という見地からすると、伝統的な法学は、まさに神学になぞらえるべきものとされます。実際、法教義学（Rechtsdogmatik）という言葉があります。ドグマ＝神学の教義を間違いのない前提とし、前提を疑うことなしに論理的に矛盾のない体系をつくりあげる、という含意がそこには込められていました。

そういう法学のあり方に対抗して、近代自然科学に近い手法で社会現象をとらえようとする社会学をモデルとした学問が構想され、あるいは、ある一定の目的を前提としたうえでそれに適合的な手段をみつける一種の応用工学としての法学が、デザインされるようになりました。[4] その際しばしば、「科学としての法学」という自己定義が見られました。そのような言葉づかい自体のなかに、juris *prudentia*（法の賢慮）よりは juris *scientia*（法の科学）の方を、いわばより高度な「知」とする見方が、反映していたのです。伝統的な法学は、「知」の体系として、いちばん古い学問のひとつという名誉を担っていた（一九五〇年代までは日本でも大学生がかむっていた「角帽」の四つの「角」のひとつ）はずでしたが、今や、後進的な「知」の領域と目されるようになったわけでした。

ところが、ある文脈で、もうひとつの逆転が問題とされるようになります。それは、近代科学の意味での「知」の際限ない展開が「技術の暴走」を生み出すのではないか、それをどうやって抑制すべきなのか、という課題が、次第に人びとによって意識されてくるようになるからです。こうして、あらためて、「賢慮」＝prudentia をエッセンスとする「知」のあり方が呼びもどされることになります。そういう文脈のなかで、いってみれば、ひと周り遅れて走ってきたはずの法学の「後進性」が、今日的意味での新しい先進性を示すものになっているのではないか、という論議が出てきました。[5] このことについては、つぎの項目で、「知のモラル」そのものについてとりあげたうえで、法学の主要主題である人権をめぐる「知」の緊張、という場面に即してあらためて考えることにしましょう。

それはともかく、「知とモラル」という主題は、ここ日本で、特別の意味をもっているのではないでしょうか。一九二九年――といえば、ロシア革命によって切りひらかれたかに見える社会主義への展望が、近代をのりこえる方向をさし示していると、人びとにうけとられていた時期です——にカール・シュミットが、「ロシア人の眼下に」生活しているヨーロッパ（とりわけ一九一七年以後）、という問題意識を前提にして、こう書いています。——「ロシアの土壌で、技術主義という反宗教が本気で信じられている」「ロシアは、ヨーロッパに特有だった諸観念を完成し、さらにそれを追いぬく。それら諸観念を極限までおしつめることによって、逆に、西洋近代史の本質を曝露したのだ」(6)。

「ロシア」を「日本」と言いかえると、この文章は、西洋近代の生み出した「技術主義」という「反宗教」が経済成長の原動力となった一九七〇—八〇年代の状況を、的確に言いあてているといえるでしょう。

三　知のモラル、または「知」ろうとするモラルのこと

ここでは、「知」ること自体がモラルの内容なのだ、ということが問題です。少なくとも、「知」にたずさわる仕事を選んだ人間にとって、それはモラルの内容でなければならないでしょう。大きな破局がやってきたあとで、その破局を招きよせるのに——善意からであれ——力を貸した知識人が、あとになって、「私はだまされていた」と言ったとしたら、それは、モラルの問題なのではないでしょうか。

ひとつの例だけをあげますが、それは、その人の作品の多くが、私の好きなものだからです。一九六一年に、ひとりの詩人が、こう書きました。

「……これを書いたことは晴らしようもない一生の恨事である。愛する祖国のためならば、体と心とだけで黙々と働けばよかったのだ。たとえ敵への憎しみをあおる物は一篇だに書かなかったとはいえ、

自分がそれによって名を成している芸術を戦争に仕えしめるべきでは断じてなかった……。」

そのような「これ」を書く数年まえに、しかし、詩人は、こういう詩を書き、それをのせた詞華集が発売禁止になるという経験をしていたのでした。

「……もう取り返しのつかない砕かれた頭、／穴のあいた、みじめな胸。／これがかってそれぞれの／労苦の母の最愛のものだった。……われわれを護国の鬼などと云うのはやめてくれ。／本当はすでに互いに忘れていながら、／奉仕し、奉仕されたと思おうとするのは嘘だ。／われわれはもう君たちの寄託からは自由だ。／異郷の夏の草よりも風よりも遠く、／もう金輪際／君たちとは無関係だ。」（「新戦場」一九四〇年）

詩人はまた、さらにその十数年まえに、ロマン・ロランらの雑誌 *Europe* のために寄せて、こううたってもいたのでした。

「ほがらかな、新鮮な、／慕わしい、自由の風が吹いて来た。／……とおく赤旗をなびかす風が来た。／……父祖の国は息づまって暑い真夏の夜にねむりさめず／すこやかな若い心は／ゆらめく朝霧を引裂いて躍り出ようとする。／……」（「新らしい風」一九二四年）

「後になって明らかにされたような事情に一切無知だった自分の愚かさ」を詩人は「自分自身に対して」

恥じるのです。それにしても、あれほど深くロマン・ロランに傾倒し、彼との約束にしたがって、（夭折した）愛児に「ジャン・クリストフ」の著者の名にあやかった名（朗馬雄）をつけていたほどの詩人が、なお「自分自身に対して」「慚愧」し「悔悟」しなければならない「無知」を、経験しなければならなかったのです。(7)

それは、この詩人を含めて日本の知識人が十分に「知」的でなかったからなのでしょうか、それとも、「知」的でしかなかったからなのでしょうか。「知」という言葉が、知ることへの執着と情熱までを含んでいるとしたら、答えはやはり、前者だといわなければならないでしょう。ひとは、世の中のことぜんぶについて知識をもつことはできません。そういう、教室で教えられるような「知識」ではなく、自分にとって大事と思われることを知ることへの執着と情熱、そして、何を大事と思うかというそのことこそが、「知」とよばれるべきでしょう。「知識」と「知性」の違い、といっていいかもしれません。(8)

四　「無知」のおとし穴と「知」のおとし穴

今もなお、「無知」のおとし穴はいろいろな所に掘られています。「知」ろうとするモラルは、今でも、ねむり込まないように、たえずよびさまされる必要があります。そのことを前提としたうえで、しかし、ここでは、「知」ろうとするときのおとし穴のことを問題にしましょう。とりわけ二つの問題場面を、とりあげましょう。

ひとつは、「コンフォーミズムに反対しなければならぬという強迫観念」「逆説をのべることへの熱中」、という傾向です。性差別やとりわけ人種差別をめぐって、一方では、言葉狩りから political correctness

の運動まで、「知」の自由な流通に枠をはめようとする流れがあります。ここではしかし、その反対に、何ごとにであれ批判的であろうとする「知」が、新奇さを求めて、自由な社会の基本価値――それこそが「知」の追求を保障する――にゆさぶりをかけるという現象の方に、注目したいのです。

一九八〇年代はじめのヨーロッパですでに、その前兆として、極左の一部活動家たちが、「ナチのガス室は無かった」という主張にくみする発言をしていました。そのような傾向に乗って差別的言論が横行してきたことに対抗してフランスの四〇人の知識人が警告のアピールを出したのを論評した『ル・モンド』紙の論説[9]は、きわめて適切な言いまわしで事態をとらえています。――「自己反省と批判の自由は不可欠だとしても、同じほどたしかなのはつぎのことだ。コンフォーミズムに反対しなければという強迫観念、逆説をのべることへの熱中、『ウルガータ』〔教会公認のラテン語訳聖書――筆者註〕と戦おうとする意思、健全な人民たちが自明としていることにだまされたくないという偏執、そういったものがある種のもの書きたちの立場のクロスシャセをもたらし、それがまた、思想の混乱を大きくしている」[10]。

ライン河をへだてた隣国でも、同じ問題があるようです。かつて西ドイツ社会の繁栄と安定に対する尖鋭的な批判理論の担い手であったはずのハーバーマスは、そのような「反コンフォーミズムの強迫観念」の危険が切迫しているとうけとめたからこそ、「批判理論の改宗?」という言い方で批判されるようなスタンスを、意識的に固めているのではないでしょうか。もとより、彼自身にとっては、「憲法パトリオティスムス」を説くとき、一国の基本法へのコミットメントを言うからといって「批判理論」であることをやめたわけではありません。実際、その反対に、歴史的な運命共同体としてのVolkとか、言語・文化共同体としてのNationとか、経済的成功(Mark)にドイツ人のアイデンティティを求めることを拒否して、普遍的な立憲主義の価値理念にそれを求めることこそが、いま、かえって批判的意味をもつはずだか

らです。(11)

この脈絡は、ほかならぬ日本社会にもあてはまるでしょう。いま「護憲」を言い続けることは、一見すると、「守旧」で「コンフォーミズム」で、批判的な「知」の役まわりとしては恰好よくないのかもしれません。憲法をあしざまに扱うことが、「タブー」を知らぬ批判的な「知」にふさわしい、という議論もあります。しかし、本当に「批判的」なのがどちらかを、見誤ってはならないでしょう。

ものを書く人間にとって、誰でも言っていること、当りまえのことをくりかえすので満足していてはいけないということは、それこそ、知「の」モラルでしょう。けれども、だからといって、反・コンフォーミズム、逆説へのこだわりを、知識人の資格証明のように考えるのは、おかしな話です。とりわけ、当りまえのことを誰も言わなくなったときには、その当りまえのことを語りつづけることができるかどうかこそが、知「の」モラルを問う試金石となるでしょう。既成の権威を批判し、今まで誰も言わなかったことを一行書くのにあぶら汗を流すのが、「知」のいとなみです。だが、そういう仕事が可能であるような世の中にしてゆくために、また、そういう世の中を維持してゆくために、わかり切った平凡なことを言うカッコ悪さに耐えるのも、「知」です。

もうひとつの問題場面は、「対話をしなければならないという強迫観念」という傾向です。「知」を深めるのは対話だ、というのは、それ自体としては、ここでも確かです。だが、ここでもまた、問題はそこで終ってしまうわけではありません。

フランスの古代史家ピエール・ヴィダル＝ナケは、ナチのガス室の存在を否定する「歴史修正主義」を相手どって書いた『記憶の暗殺者たち』の序文で、こうのべています。

「私は告発者たちに答えないということ、いかなる点においても私は彼らと対話しないということを、きっぱりと了解していただきたい。たとえ敵対者同士であっても、その二人の人間の間に対話が成立するためには、共通の土俵が、今の場合、真理に対する共通の敬意が前提とされるものだ。しかし、『歴史修正主義者たち』を相手とする場合、このような土俵は存在しない。月はロックフォールチーズで出来ているなどと断言する『研究者』がいると仮定して、一人の天体物理学者がその研究者と対話するような光景が想像できるだろうか。……『歴史修正主義者たち』について議論することはできるし、かつまた、そうしなければならない……が、『歴史修正主義者たち』を相手に議論はしない。……」(12)

さらに進んで言えば、「『歴史修正主義者たち』について議論」することも、本当に、「そうしなければならない」のでしょうか。議論の対象となる相手の縄ばりを勝手にきめて仲間うちの議論にふけるのは、「知」の頽廃です。しかし、「知」の共和国の市民は、誰でもよいというわけにはゆかないのではないでしょうか。

五　人権をめぐる「知」の緊張

「人権」という言葉でどういうことがらを考えるかは、実は一様ではありません。Human Rights という語感は、人間が人間らしく (human に) 生きる権利、といったものを連想させるかもしれません。だが、個人差までは問題にしないとしても、何が「人間らしい生き方」なのかとなると、文化圏がちがえばその中身もちがってくるのではないでしょうか。自分自身の考えなどにこだわらず、まわりの大勢に「溶けあって」、持ちつ持たれつでゆくやり方が、その人にとって「人間らしい」ということも、あるでしょう。

しかし、近代法が想定する人権は、もっと特定した歴史的性格を刻印されています。それは、身分制秩序の網の目から解放された個人が、自分自身の意思にもとづいて自己決定する、ということを可能にする枠組だったはずです（身分的権利から人権へ）。何事によらず、解放されるということは、放り出されるということでもあります。ここでも、ひとは、自己決定の主体として、その結果をひきうける「強い個人」だというフィクションに耐えなければなりません。実際にはもちろん、生身の個人は、そんなに強いはずはありません。だからこそ「階級」や「団結」に、弱い個人の支えが求められてきたのです。しかし、その代償として、例えていえば、団結強制の法制度のもとで、労働者個人の思想信条の自己決定が防げられるのは、避けられませんでした。近代個人主義が、「個人」主義とはいってもはじめから想定していた集団が「家族」ですが、その存在は、保護のはたらきをすると同時に、女性を抑圧するものでした。反対に、本気で個人の解放を追求しようとすると、近代家族像との予定調和の関係を想定して済むわけにはゆかなくなります。

他方で、それでは額面どおりに、人権主体としての個人が自己決定しようとすると、どうでしょうか。「知」を抑制することなくつらぬき、その成果を使って自己決定をつらぬくところに、どういうことがおこるでしょうか。

「強い個人」の意思は、「生命」を否定することができるでしょうか。「生命」の定義いかんによって、妊娠中絶への態度決定がわかれるでしょう。いま、問題は、「強い個人」の意思で、現在と将来の「生命」を操作することができるのか、という形で提起されています（臓器移植から人工生殖、さらにはクローン人間まで）。

自己決定だから何でもできる、ということになると、それは、人権のもうひとつの核心、人間の意思で手をふれてはいけない価値がある、という要請を否定することになります。もともとこれは、人権という考え方自体に内在する二律背反なのです（自己決定の形式としての人権＝意思主義と、実体価値としての人権＝不可処分性、の衝突）。

この、自己決定＝「知」の権力性という難問を前にして、自己決定の要素を相対化しようとする方向があります。「強い個人」モデルから訣別して、自己決定できない人びと、さらには生きとし生けるもの一般、動物や樹木の「権利」を語る方向です。それとは別に、自己決定への外側からの社会的コントロールとして、自己決定の集積としてのデモクラシーというモデルから多かれ少なかれ距離をとり、専門家ないし「賢人」（まず裁判所の役割が問題になりますが、より一般的に）の出番を求めるという考え方があります。しかし、こういった方向のどちらにも、徹底するわけにはゆきません。平凡きわまることながら、「人権」に内在する背反的な二つの要素のあいだでの「知」の賢慮（prudentia）を、試行錯誤を含めながらくり返してゆく以外にないでしょう。いずれにしても、「知」の抑制そのことが、最高度に「知」的ないとなみなのですから。[13]

（1）　この議論は、もと、広中俊雄「認識・評価峻別論に関するおぼえ書き」（世良晃志郎教授還暦記念『社会科学と諸思想の展開』〔創文社、一九七七年〕）に示唆を得ている。私の議論を展開したものとして、『近代憲法学にとっての論理と価値――戦後憲法学を考える――』（日本評論社、一九九四年）一七―五六頁。その主張はいくつかの批判・論評を得ているが、それらについては、同書の註記を参照。

（2）　長谷部恭男『権力への懐疑――憲法学のメタ理論――』（日本評論社、一九九一年）一七〇―一七二頁。

（3）　長谷部・前出。私も例をあげることにしよう。原子爆弾の開発を容易にするという効果を伴うことが予想される理論物理学の研究を一九四四年のドイツであえて続行し、しかし、ナチスが原爆を持つという事態を阻止するためにヒトラー暗殺を企てる、という選択は、たしかに、「常識的な合理性の観念」からあまりに離れている。そのように追いつめられた場面の手前のところでは、しかし、私たちの日常生活のなかで、想定可能な事例がありうるはずである。たとえば、ある法令の準備・起草・制定の経過についてそれまでかくされていた事実についての研究成果を明らかにすることが、その法令への世論の評価をいちじるしく低める効果をもたらすことが予想されるときに、あえて成果を公表すると同時に、しかし、その法令に規定されていることの内容が擁護に値する価値を持つことを力説し、それに対する世論の支持を回復するために力をつくすこと。

(4)　そのほか、特に、純粋法学といわれるものがある。その代表者というべきハンス・ケルゼン（Hans Kelsen）は、価値判断から純粋な「規範科学」を提唱して、伝統的な法学のなかに混入している——というよりその本質的な要素だった——実践性を駆逐しようとした。それは、いわば、ひとつの側からする徹底的な法学批判の試みであった。

(5)　「実定法学がこのように自らの中に価値判断、つまり法哲学を含むということに、その今日的意義があるのではないかということです。……医療や工学技術においては、目的がはっきりしていました。……ところが、最近になって、かつて前提として疑いを容れなかったそれらの目的が、果たして適当なものかという問題が起こってきました。……医の倫理とか技術の倫理ということです。ところが、従来の医学や工学自体はそれらを扱ってきませんでした。……法学の中には技術的な要素と科学的な要素のほかに哲学的な要素が含まれているということは、実は法学の後進性の表れではなく、むしろ法学の先進性の表れ、といってよいかはともかく、古くからあるものがかえって今に至って意味があることが示されている、ということができます」（星野英一＝田中成明編『法哲学と実定法学の対話』［有斐閣、一九八九年］一二一—一二三頁の星野発言）。「法哲学でも……むしろ法律学・法実務の伝統的な叡知を見直し現代的に再構築しようとする動き」についての、田中発言（同一三頁）をも参照。

(6)　カール・シュミット（長尾龍一訳）「中立化と脱政治化の時代」『現代思想1・危機の政治理論』（ダイヤモンド社、一九七三年）一三五—一三六頁。

(7)　一九六一年の文章は、尾崎喜八詩文集8『いたるところの歌』（創文社、一九六二年）、詩「新戦場」は詩文集2『旅と滞在』（一九五九年）、「新らしい風」は詩文集1『空と樹木』（一九五九年）所収。

（8）「悪い文明人」に対置して「善い野蛮人」を論じた文脈で、渡辺一夫は、モンテーニュを引きながら、〈sauvage〉という言葉を「野性的」と「野蛮」とに訳し分けている（『文学に興味を持つ若い友人へ』〔弥生書房、一九九五年〕二〇二―二〇三頁）。「文明人」の側が「野蛮」と呼ぶものの中に、自然の独力が生み出した天与のもの＝「野性」的なものへの敬意があり、反対に、それを人為によって改変することこそ「野蛮」と呼ばれるべきだとしたら、「野蛮」とくらべられる「知」についても、本文でのべた意味での「知識」と「知性」ないし「知」そのものの区別は、肝要であろう。

（9）Roger-Pol Droit, La confusion des idées, *Le Monde*, 13 juillet 1993.

（10）こういう言い方の背景には、「ガス室は無かった」という類の言論そのものを刑事罰の対象とする法律が議員提出立法として成立しているという事情がある。この、「人種差別、反ユダヤ、または外国人排斥のすべての行為を禁止する法律」（一九九〇年七月一三日法律）についての私の簡単なコメントとして、『近代国民国家の憲法構造』（東京大学出版会、一九九四年）一二六―一三一頁。

（11）このことにつき、私の「戦後憲法の暫定性と普遍性・永続性」（『転換期の憲法？』二一頁以下）。

（12）P・ヴィダル＝ナケ（石田靖夫訳）『記憶の暗殺者たち』（人文書院、一九九五年）九―一〇頁。

（13）私の人権観については、なお、『一語の辞典・人権』（三省堂、一九九六年）を参照されたい。

二一世紀モラルの鍵は？

本文では大風呂敷をひろげましたから、ここでは、「二一世紀」まで自分が生きていたとして、自分自身の足もとのことを考えながら、二つのことを書いておきましょう。

第一――。「詩というものはうまい詩からそのことばのつかみ方を盗まなければならない、これは詩ばかりではなくどんな文学でも、それを勉強する人間にとっては、はじめは盗まなければならない約束ごとがあるものだ。」「詩というものは先ずまねをしなければ伸びない、まねをしていても、まねの屑を棄てなければならない。」（室生犀星『わが愛する詩人の伝記』一九五八年）――詩や文学ばかりでなく、およそ「知」のいとなみに、それはあてはまるでしょう。誠実に「盗む」素直さと、大胆に「屑を棄て」まくる思い切りのなかから、本物の「自分」をつかみ出してゆく仕事には終りがないのです。

第二――。司馬遼太郎さんから頂いていた書簡類を、愛惜の念を新たにしながら読みかえしました。そのなかに、「明晰であることの一つは、手のうちのカードをすべて見せてしまう勇気と無縁ではないと思いました」という一節があります。私の書いたものへの過褒の文章を私信から引用するのは気がひけますが、その文脈はぬきにして、この一節は、目ざさなければならない「知のモラル」を、きびしく言いあてているのではないでしょうか。

3　学説と環境
——建設の学と批判理論

［1996］

はじめに

戦後憲法学説は、その圧倒的な大部分が、旧憲法下で形成されていた立憲主義憲法学の系譜をひくものであった。そのような、立憲主義の側に立つ学説の立場と、それをとりまく環境とのあいだの関係は、どのようなものであったろうか。環境といっても、いくつかの項目がそれぞれに問題とされる必要がある。とりわけ、a＝学説が対象とする実定法、b＝学界状況（研究者集団の動向）、c＝社会の大状況という三つのものが重要である。日本国憲法が成立・発効してから戦後啓蒙期というべき時期にかけては、戦後憲法学の立場にとって、これら三つの環境はすべて、調和的関係にあった。それに対し、一九四五年八月のポツダム宣言受諾から四六年三月六日の内閣草案要綱（実は連合国総司令部の主導にかかる）の公表までの立憲主義憲法学と環境の関係は複雑であったし、一九四〇年代末からすでに始まる「民主化ゆきすぎの是正」「逆コース」の時期から、一九六〇年代高度成長期を経て一九九〇年代の新局面に入るそれぞれの段階ごとに、環境に対して学説が占める位置は、変化を見せてくる。

学説をつくりあげ、それを伝達するという人間のいとなみが自由で独立した主体によっておこなわれるべきことは、およそ学問の第一の要請である。しかしまた、説き手によって自覚されているかどうかにかかわらず、学説が環境によって影響をうけることは、マンハイム知識社会学流の「存在被拘束性」(Seins-gebundenheit) という説明の仕方に賛成するかどうかは別として、人びとの広くみとめるところであろう。

学説と環境の関係を問うことは、「理論」一般に共通するそのような一般論上の意味あいにくわえて、法学の場合、実定法の解釈という行為を通して社会統制にかかわってゆくという局面があるだけに、いっそう重要な意味をもつはずである。

一　「書く技術」

そのような観点からして興味深い指摘が、「法学者における書く技術――カール・シュミット」と題する論稿[1]によってなされている。この論稿は、先ごろ《*Verfassungslehre*》の仏訳の巻頭に一〇〇頁をこえる論説「カール・シュミット、または、立場を明確にした法学者[2]」を書いたフランスの法学者オリヴィエ・ボーが、シンポジウム「マックス・ウエーバー、ハンス・ケンゼン、カール・シュミットをめぐる法と政治」に提出したものである。

ボーの基本的仮説は、シュミットが《*Verfassungslehre*》のなかでワイマール憲法の「遠回しの批判」をやろうとしたのであり、そのために、「書く技術」を使ったのだ、というところにある。「書く技術」という定式化を、ボーは、Léo Strauss の『迫害と書く技術』(一九五二年)から借用するのであるが、哲学に関するその議論を法学にもちこむに際し、「法学者の仕事に特有の拘束」について、こうのべる。――

「この拘束は最もしばしば成文となっている法規範——法学者は、それから逃れることができない——の存在という点にある。……法学者は、法学に確かさと、つまるところは社会的な効果とを与えてくれる実定法という重荷をたやすく厄介払いすることができない。……こうして、法学者は、……そのような実定法を考慮しなければならないのであり、さもなくば同業者の非難にさらされる。実定法へのかような服従は、とりわけ、公法学者にとっては、法規範を公準として設定する国家の意思に服する『必要性』を意味する」。

シュミットの場合は、どうだったのか。「シュミットに特有の拘束は、政治的というより職業的なものである。……ワイマール時代に、自由民主制に敵対的な思想家は少数どころではなかった。……それゆえ、シュミットが書く技術を用いたのは、民主主義的世論の力のせいでというよりは、法学者としての、および少数派たるカトリックとしての彼の立場のためだったのである」。「カール・シュミットがその法学の著作（*Verfassungslehre*）で書く技術を用いたのは、『職業的』拘束のゆえだった。この著書は、教授としての名声を確保しそのキャリアを促進することを目ざした概論書だったのである。……この概論書での書く技術の使用は、ブリリヤントな精神を持つ著者が犠牲にしたく思わない着想の独創性と、異端的な命題の受容に敵対的なことを彼が知っている環境とを両立させるためのものだった」。

ボーは、『憲法学』と、同時期に書かれたシュミットの別の著作でのワイマール憲法に対する消極的・否定的評価とを突き合わせ、また、『憲法学』で活字の大きさを落として組んである記述部分で、しばしば、政治問題についてのラディカルな立場表明をしている（例えばヴェルサイユ条約とワイマール憲法との規範的関係）ことを指摘している。ボー自身が断わっているように、彼の仮説の当否は、シュミットの私信や日記、『憲法学』のもとになった講義ノートなどとのさらに詳細な照合をまたなければ、決着を見ないであろうが、そのことは別として、彼の着想自体、法学説と環境との関係を考えようとするときに、重要な手がかりを提供するものといえよう。

実際、彼が傍論的にとりあげているフランスの憲法・政治学者モーリス・デュヴェルジェの場合を見ても、そのことは言える。(3)

ヴィシー体制のもとで一九四一年にフランスの代表的な専門誌《*Revue du droit public*》に公表された彼の長大な論説「一九四〇年革命以来の公務員の地位」が、のちに問題とされた。非難にこたえてデュヴェルジェが一九八三年の論説でのべていることをボーは引用する。——「法学者の義務は、不正な法律の適用を改良することにあるのか、それが法の基本原理を侵しているとき、その不正な性質を弾劾することにあるのか」。ボー自身は、「この種の出来事にあって名誉ある唯一の方法は、書かないということである。それは、法学者のディレンマから逃れる唯一の仕方であり、一九四〇年以後何人かの法学者がしたことなのだ」と言いながらであるが、デュヴェルジェの弁明を跡づける。「公行政からのユダヤ人公務員の排除」を記述するのに「公の利益」のための措置という説明をすれば、犠牲者は補償を得ることができるが、「いわゆる〝懲戒〟措置」として説明すればおよそ補償を受けられない、という文脈のもとで「明らかに権威主義的な条文のできるだけ自由主義的な解釈」をあえてするのは、典型的な、法学者にとっての書く技術の問題だ、というのである。ボーによれば、それへの評価に際しては、論稿の名あて人（専門発表機関での法学者・法律家むけか、新聞での一般読者むけか）の違い、口述の講義では何が言われていたか、を考慮する必要がある、とされる。もうひとつ、ボーはここでも、「職業上の拘束」という要因を指摘する。問題の論説を書いたとき、教授資格試験に臨もうとしていたデュヴェルジェは、博士論文以外の公刊物を必要としており、権威ある専門誌に、しかもその主宰者ロジェ・ボナール——彼はペタン支持者だった——の求めによって執筆することは、その必要に応えることだった、というのである。その意味で、「書く技術の使用は、極悪の法律について書く必要と、その弁護をしたくない意思とのあいだの衝突を解決する手段だったのであろう」。

ボーのいう「職業上の拘束」のうち、ありていにいえば一身上の利益への配慮から来ることがらは、(理論の存在被拘束性という問題にとってそれとして重要な論点ではあるが) ここでは考慮の外に置き、学説内在的な問題をとりあげることに限定しよう。

ボーは、実定法の存在自体から来る拘束と、同業集団＝学界を考慮することによる拘束の二つをあげていた。実定法が社会の大状況のなかでうけ入れられている——もともと定義上、「実定」的とは、そういう意味である——という、普通の場合を念頭に置く場合には、それでよいであろう。しかし、彼自身、ワイマール憲法下のシュミットについて「書く技術」を問題にするときには、実定憲法と世論の乖離を論点のなかにくみ入れている (「民主主義的世論」との関係では書く技術を使う必要はなかった、とのべる消極的文脈ではあるが)。こうして、われわれは、この稿の冒頭でとり出した三つの項目にもどってきた。

二　どのような「建設」？

環境に対する学説の対応を問題にするとき、それぞれの学説について、批判理論としての性格と、建設の学としての性格が、あぶり出されてくる。「極悪の法律について書く必要」は、——単純に一身上、世俗上の関心からの場合をいま度外視していえば——そのことによって、彼にとって少しでも「善い」と思われることを実現し、あるいは、「より少なく悪い」結果をもたらすという、建設的機能を目ざすところに生まれる。「書く技術」は、その文脈で重要な意味をもつだろう。それに対し、批判理論に徹する立場からすれば、少なくとも、「書かない」ことによってその立場をまもるべきこととなるだろう。

建設の学を志向するか、批判理論としての立場をつらぬくべきかは、最終的には、各人の決断によるというほかない。そのことはそれとして、二つのことがらに、留意する必要があろう。

ひとつは、建設の学が、どういう意味での「建設」に資するか、ということである。裏がえしていえば、批判理論こそがある文脈で建設的役割を果す、という逆説である。

古典的な例としては、帝国憲法下の統帥権独立の問題についての、立憲主義憲法学の対応があげられる。佐々木惣一が「是レ一ノ独断タルノミ、何等法上ノ根拠アルナシ」（『日本憲法要論』一九三〇年、三八五頁）と明快に言い切っていたのに対し、美濃部達吉は、帝国憲法制定前からの官制と慣習を斟酌して、「軍機軍令」に関するいわゆる帷幄上奏の制度を憲法内に位置づけていた（『憲法精義』一九二七年、二五五―二五六頁）。美濃部は、この点で、批判的であるよりは建設的であろうとし、現に、ロンドン軍縮会議をめぐる「統帥権干犯」という論点については、軍縮問題は統帥権に属する軍令事項でなく、軍政事項として国務大臣の輔弼に属する、という論理を強力に主張することによって、立憲主義にとって建設的な役割をひきうけたのであった。

ひるがえって、日本国憲法の九条解釈をめぐる状況についても、あるいは、ひとは、戦後憲法学が、批判的であるより建設的な役割をひきうけるべきだった、と言うであろう（現に、論壇では、そういう声の方がいま支配的である）。だが、ほんとうにそうだろうか。戦後立憲主義憲法学は、一貫して、この点で、もっぱら批判理論として自らの足場を定めてきた。そして、にもかかわらずではなくて、だからこそ、ともかくも明文改憲が阻止され、「解釈改憲」についてもその野放図な展開がおしとどめられてきた――たとえば「集団的自衛権」が政府解釈によって違憲とされてきた――ことに、役立ってきたのではないだろうか。もし、憲法学の主力がはじめから「建設的」役まわりをひきうけていたら、これまで見られたほどの世論の抑止力も、働いてこなかったのではないだろうか。

三　どの意味での「批判」？

もうひとつは、批判理論が、何に対して、どういう意味で「批判」的か、ということである。

実定法がコンセンサスの対象となっているときには、その実定法（＝a）を、学界（＝b）と、法のつくり手である公権力と世論を含めた社会の大状況（＝c）とがともにうけ入れているだろう。そのような状況のもとで学説の大勢が実定的な立憲主義秩序の基本価値を支持できる立場に立っている場合を想定すれば、それに対して批判がむけられるとき、それは、ａｂｃすべてに及ぶトータルなものとなる。戦後啓蒙期にａｂｃが相互調和的であった時期には、ようやく「人類普遍の原理」を実定化した日本国憲法（＝a）を支持する学界（＝b）と、戦後解放を受け身ながら歓迎した社会（＝c）とを向うにまわして、その組み合わせに全面的批判をこころみようとする学説は、なかった。

もっとも、戦前からの伝統をもつ立憲主義アカデミズム憲法学が、日本国憲法という実定法を自前でつくり出すことができなかった、ということもたしかである。一九四五年一〇月の段階で憲法改正不要論を新聞紙上で説いた美濃部達吉は、枢密顧問官として、最後の枢密院の会議に欠席することによって、また、内大臣府御用掛として「帝国憲法ノ部分的改正」案を起草した佐々木惣一は、貴族院議員として反対演説をすることによって、その立場をつらぬいた。抜本的な憲法変更の提案がなされたのは、旧・実定法の拘束から自由だった在野の知識人からであった（鈴木安蔵らによる「憲法研究会」の国民主権案、さらには、高野岩三郎の共和制案）。

おそらくこの二通りの反応の中間にあったのが、美濃部・佐々木の後続世代のアカデミズム憲法学であったようにおもわれる。一九四六年三月段階で「内閣草案要綱」（実は総司令部案によったもの）に接したときの反応として、「ああ、日本がこれで行けるのならそれに越したことはない」「驚きと喜び」「鮮烈な感動、声を上げて叫びたいほどの解放感」という感想が残されている。[4] このとき、立憲主義憲法学に対する環境の拘束的要因としては、社会の大状況についての認識が、とても「これで行ける」とは思われないほどのものだったことが、決定的だったのであろう。二つの原爆投下とソ連参戦という最悪の状況をまねいてまで、「国体護持」に執着した一連の経緯を見ていると、立憲主義の理念を前提としながらも、もっぱら帝国憲法の運用あるいは部分的改正を通して目的に近づこうとする、「書く技術」のアプローチを——意識的にであれ、あるいは意識せずにであれ——とっていたといえるのではないだろうか。

さて、ａｂｃの相互調和的状況は、ほどなく一転する。一九五五年以後一貫して政権の座につくこととなる政党が「憲法の自主的」改正（それは、憲法が「おしつけられた」ものだという評価を意味した）を政綱に掲げ、憲法運用の場面では「解釈改憲」と呼ばれるような事態が進行するが、他方では、「護憲」ないし「改憲阻止」の勢力も根強く、論壇や世論の有力な部分も、少なくとも明文改憲には抑制的であった。社会の大状況（＝ｃ）が憲法問題に関するかぎり、権力（＝c_1）と対抗世論（＝c_2）とに分裂していたことになる。こうしたなかで、立憲主義憲法学は、明文改憲に反対し、「解釈改憲」にも批判的なスタンスをとりつづけた（ａｂc_2対c_1の構図）。日本の社会科学の世界一般で多かれ少なかれ影響力を及ぼしてきたマルクス主義は、「ブルジョア法」「国家独占資本主義法」批判の一般論にかかわらず、憲法問題については、立憲主義憲法学とほとんど共通の立場に立っていた。

一九八〇年代後半、とりわけ九〇年代に入ってから、憲法への態度という点で分裂していた社会の大状況に大きな変化が生ずる。一方で「護憲的改憲論」を名のる主張が登場し、他方で、「護憲」をもって自己規定してきたそれまでの最大野党がその旗をおろし、ジャーナリズム・論壇では改憲主張がむしろ多数を占めるようになる（c_2の弱化）。

いずれにしても、a・b・c（c_1・c_2）の相互調和が破れた段階になると、学説の「批判」の持つ意味の見きわめが、重要になってくる。

およそ学説であろうとするかぎり、先行する学説・現に多数とみられる学説に対して何らかの新しいものをつけ加えようとするいとなみでなければならない。その意味で批判的たろうとすることは、学説にとって本質的なことである。ところで、社会・人文関係の学問は、人間社会についての一定の認識ないし提言であるが、それに対して批判的であることは、必ずしも、人間社会の現に在るあり方そのものに対して批判的であることを意味しない。それとは反対に、学説（＝b）と実定法（＝a）に対する批判が、その程度に応じてそれだけ強く、社会の大状況（＝c）への同調を意味することがありうる。

そのとき、批判的「知」に、二つのことが問われるだろう。第一は、社会の大状況（＝c）についての彼らの「知」の当否であり、第二は、彼ら自身の「知」のいとなみについての方法的点検である。

四 批判的「知」の課題

まず、第二点から問題にしよう。それは、批判理論が「批判」的であろうとして陥りがちなおとし穴にかかわる。知の世界（ここでいえばbの項目）でのコンフォーミズムに抵抗し、何ごとにであれ批判的であろうとするあまり、場合によっては、新奇さを求めて、批判の自由そのものを危うくする効果をもたらす、というおとし穴である。学説の常識（＝b）に挑戦しようとする強迫観念が、社会の大状況（＝c）の場面でのコンフォーミズムと全面的に同調する結果をひき出す、という逆説がそこにあらわれる。そのような可能性のもとにおかれた場合、批判的「知」の側は、あえて知の世界での常識をくりかえすという凡庸さに耐えることによってこそ、批判的であれという要請にこたえることができる。当り前のことをだれも言わなくなったとき、その当り前のことを語りつづけることこそが、批判的かどうかの試金石となるだろう。(5)

そのような場合なのかどうかを見きわめることが、批判理論が批判的でありうるための前提として、不可欠となる。それが、第一点としてあげた問題にほかならない。

一九九〇年代になってからの改憲論は、その出自はさまざまであるが、外にむけては「国際協力」、内側の問題としては「改革」を掲げ、ひとによっては「護憲的」と銘うって提出される改憲論である。したがって、これらの自己定義をもし立憲主義憲法学がそのままにうけとるとしたら、ことは立憲主義という価値の枠内での、憲法政策上の選択によって態度決定が分かれる問題だということになるだろう。

しかし、いま改憲を説く人びとは、教科書検定、靖国神社公式参拝、日の丸・君が代の強制など、立憲主義の核心部分が問題となる諸項目について、立憲主義の立場に明確に立つことをしないできた。人によっては、およそそれと対抗的な立場を積極的につらぬいてきた。改憲論が、その外観にかかわらず依然として立憲主義の外側からの日本国憲法への攻撃という性格を失っていない、という認識を持つかどうかは、憲法第九条の問題を考える際にも、決定的な岐れ道になるだろう。第九条は、西欧でのこれまでの立憲主義一般にとっては必然的なものではなかった。一九四五年の日本にとっては、天皇・皇軍・国家神道の結びつきを断ち切るために、それは、天皇主権および国教の否定とあいまって、必然的であらざるをえなかった。その必然的な結びつきを解きほどいてよいほどに、いまの改憲論が立憲主義にコミットしていると認定してよいかが、いま問題となっているのである。

かつて（西）ドイツでの批判的知性の代表格であったハーバーマスが、一九八〇年代に入って、「憲法パトリオティスムス」（Verfassungspatriotismus）を説くようになったことをとらえて、「批判理論の改宗？」を問題にする議論がある。一国の基本法＝「憲法」に依拠することによって「批判」理論であることをやめたかのように見える外観にもかかわらず、そうすることによってこそ、ハーバーマスの立場は、今かえって批判的なのである。まして、ドイツの場合とは比較を絶するほど実定憲法（＝a）と社会の大状況（＝c）との間隔が開いている日本で、「憲法パトリオティスムス」は、いっそう批判理論としての性格を強く持つことになるはずである。[6] いま、日本の立憲主義憲法学は、あらためて、社会の大状況（＝c）についての認識を問われている。

（1）　Olivier Beaud, L'art d'écrire chez un juriste: Carl Schmitt, in *Le droit, le politique autour de Max Weber, Hans Kelsen, Carl Schmitt,* sous la direction de C. -M. Herrera, Paris, L'Harmattan, 1995, p. 15–36.

（2）　Oliver Beaud, Carl Schmitt, ou le juriste engagé, préface à Carl Schmitt, *Théorie de la Constitution*, Paris, PUF, 1993, p. 1–110.

（3）　デュヴェルジェのもとの論説は、M. Duverger, La situation des fonctionnaires depuis la Révolution de 1940, in *Revue du droit public*, 1941, p. 277–332, p. 417–540. のちにこの論説への非難について弁明したものとして、Id., La perversion du droit, in *Religion, société et politique, Mélanges en hommage à Jacques Ellul*, Paris, PUF, 1983, p. 705–718. 一九四一年論説は、とりわけ一九八〇年代に入って問題とされ、デュヴェルジェが名誉毀損の訴訟を提起したこともある。この問題が彼の憲法院裁判官就任の妨げになった、という報道もある。

（4）　これらの反応について、後出第6章。

（5）　この問題につき、前出第2章。

（6）　そのことにつき、特に、*Rechtshistorisches Journal*（12）1983 誌上の Bernhard Schlink, Abenddämmerung oder Morgendämmerung?—Zu Jurgen Habermas' Diskurstheorie des demokratischen Rechtsstaats がハーバーマスを論難する議論に即して問題としたものとして参照、拙稿「戦後憲法の暫定性と普遍性・永続性」（『転換期の憲法?』〔敬文堂、一九九六年〕二一頁以下）。

4　立憲主義の基礎としての「規範創造的自由」

［1997］

はじめに

日本国憲法公布五〇年をひかえた夏、戦後日本の社会科学をきり開いた先達、大塚久雄と丸山眞男があいついで世を去った。わけても、八月一五日という日付にあわせたかのような丸山のこの世との別れは、偶然の符合にしても象徴的であった。

ちょうど五〇年まえの一九四六年に公表された「近代的思惟」は、こう記していた。——「漱石の所謂『内発的』な文化を持たぬ我が知識人たち」は、「時間的に後から登場し来ったものはそれ以前に現われたものよりすべて進歩的であるかの如き俗流歴史主義の幻想にとり憑かれて、ファシズムの『世界史的』意義の前に頭を垂れ」、こんどは「とっくに超克された筈の民主主義理念の『世界史的』勝利を前に戸迷いし」、「その『歴史的必然性』について喧しく囀ずり始めるだろう[1]」。

それから五〇年たった今、また「内発的」とは正反対のありようが、目のまえにある。時間の経過の区切り（「戦後五〇年にもなるのだから」や「もう二一世紀になろうというのだから」）と、内外でおこった出来事（「ポスト冷戦」や「五五年体制のおわり」）に押し流されるまま、それらのことがらの意味をまともに問いなおすこと抜きに、議論が動いてゆく。こんどは「戸迷」うだけのゆとりすらなく、「時間的に後から登場し来った」ようにみえる流れに――実はむかしの議論への先祖返りではないのかを考えてみることもなく――身をゆだねる、〝知〟の漂流状況である。「歴史」への言及がこんどは抜けており（「歴史のおわり」！）、それはそれとして、「漂流」の様相を一層つよく印象づける。

そうであればなおのこと、五〇年をさかのぼって「近代的思惟」の地点にもういちど身を置いてみることは、〝いま自分がどこにいるのか〟を考えさせるだろう。それは、〝戦後〟を自前で準備することができなかったアカデミズム憲法学の系譜をひく戦後憲法学、そして私自身にとって、重い意味を持っている。〝戦前〟と〝戦後〟の断絶を論理的に説明した、あの八月革命論が、ほかならぬ「近代的思惟」の著者の発想とも重なるものであってみればなおのこと（東京大学での研究会で丸山眞男がした議論を、本人の了承を得たうえで宮沢俊義が貴族院での質疑で八月革命論として展開したことを、鵜飼信成が伝えている）[2]、意味の重さは格別といわなければならない。

この小稿は、あらためて、憲法学の当面する課題にひきよせて「丸山眞男を読む」ことを通し、示唆をとり出そうとするエッセイである。

一　人間解放としての戦後民主主義

実際、戦後解放の混沌のなかで「一九四五年八月」を「革命」という断絶の読み方でうけとめていた知性によって、同時に、そのような「革命」によってもたらされた戦後デモクラシーの表層の内側にあるものがするどく腑分けされ、いま今日的に問われている論点が、鮮明につかみ出されている。そしてそれは、さかのぼって戦中の学問上のいとなみのなかですでに準備されていた(『丸山眞男集』第一・二巻が何よりそれを示してくれる。彼の学生時代の作品「法学部三教授批評」に即してコメントした後出・補論を参看ねがえれば幸いである)。

さて、「戦後民主主義」という。その「戦後」は、「戦前」とどういう関係にあるのか。

ポツダム宣言は、「日本国国民ノ間ニ於ケル民主主義的傾向ノ復活強化ニ対スル一切ノ障礙ヲ除去」すべきことを日本国政府に要求していた(一〇項)。「民主主義的傾向ノ復活強化」のためにはさしあたり帝国憲法の立憲的運用の線に戻ればよいのだ、というのが一九四五年一〇月段階での美濃部達吉の憲法改正不要論(『朝日新聞』一九四五年一〇月二〇―二二日)であった。かつての傾向の「復活強化」で十分なのか。「復活」によって「強化」することがほんとうにできるのか。

「戦後」民主主義は、その問いにノーと答えなければならなかった。そして、戦前との断絶は一九四五年八月にポツダム宣言を受諾することによって規範的にはすでに生じてしまっているのだ、と説くのが「八月革命」論なのであった。

天皇主権から国民主権への転換を確認したとしても、しかし、それは、さしあたっては法規範の転換にとどまる。国民主権という容器のなかに盛られなければならない「民主主義」は、どういうものでなければならないか。

かつての自由民権運動は、戦後民主主義が汲み上げるべき貴重な水脈である。ただそれは、何よりも、国会開設の要求という政治課題に関心を集中していった。「よしやシビルは不自由にても、ポリチカルさえ自由なら」と壮士が歌った「よしや節」のことばが示唆するように、政権獲得をめざすことの反面、政治の前提となる社会のありよう、さらにさかのぼってその社会の想定する人間像という場面まで射程のおよぶ関心は——例外はあったとしても——ほとんど欠落していた。憲政擁護運動・大正デモクラシーの成果もきわめて重要だったが、力点は、民意・世論の政治参加の場面におかれていた。

一九四五年に国民学校の五年生だった私は、敗戦を境にして、教育勅語の奉読にかわって五ヵ条の御誓文が教卓の上に掲げられていたことを、思い出す。「広ク会議ヲ興シ万機公論ニ決スヘシ」というのが「民主主義」だといううけとめ方は、民主主義をもっぱら政治意思の決定方法として理解する系列をさかのぼったところに出てくる性質のものだ、といえるだろう。

それに対し、戦後民主主義は、ただ権力への参加や、あるいは権力の制限に尽きるのではなく、何よりも人間解放でなければならず、もっと特定していえば個人の解放でなければならないだろう。さらになお、その個人の解放ということの意味をより明確に定義しなければならないだろう。そのような問いへの答えが、「日本における自由意識の形成と特質」（一九四七年）[3]であった。

二　「拘束の欠如」vs「理性的な自己決定」

戦後民主主義は何より人間解放でなければならなかったというとき、どんな意味での解放なのか。「日本における」「自由意識の形成と特質」をあぶり出すのに先立って、一七世紀イギリスの「強烈なイデオロギー的闘争」のなかで、「近代思想の中核をなす『自由』という観念がいかに思惟されていたか」が問題とされる。

自由を、「各人が好むことをなし、勝手に生活し、いかなる法にも拘束せられない」状態（ロバート・フィルマー）、「反対物（オポジション）の欠如……運動を妨げる一切のものの欠如」（トーマス・ホッブス）と定義する考え方が一方にある。それに対立するのが、「行為者が精神の決定或は思考に従って特定の行為をし又は思い止まる事のいずれかを選択しうる能力」（傍点は原文、以下同じ）こそを自由という観念の核心に置くジョン・ロックである。こうして、つぎの対照が鮮明にされる。——

「フィルマーやホッブスにおいては、自由とは第一義的に拘束の欠如であり、それに尽きているのに対し、ロックにおいてはより積極的に理性的な自己決定の能力と考えられている。従って前者の様な自由概念は決して人間に本質的なものではありえず、ホッブスが明らかにしている様に、それは非理性的動物にも、いな植物にすら適用出来るのに対して、ロック的自由は本質的に理性的（存在）者のものである。」

「やや粗放な一般化を許されるならば、ヨーロッパ近代思想史において、拘束の欠如としての自由が、理性的自己決定としてのそれへと自らを積極的に押進めたとき、はじめてそれは封建的反動との激しい抗争において新らしき秩序を形成する内面的エネルギーとして作用しえたといいうる。」

そのような視角から見ると、「日本における」状況はどうとらえられるか。「徳川期思想史は一言にしていえば、……儒教的規範が次第に人間内面性から疎外され、他律的拘束としての性格を濃化し来った過程」であり、「儒教思想の内部においてこの矛盾が頂点に達した」徂徠学では、「一方儒教規範は純然たる公的政治的なものにまで昇華し、他方人間の私的内面性は一切の規範的拘束を離れた非合理的感性に満たされる」こととなる。「そうしてやがて一切の儒教的思惟に対する敵対者として登場した国学思想が『人欲もまた天理ならずや』（直毘霊）と言い放ったとき、それは朱子学において仮象とせられた『人欲』においてまさに人間の最も本質的な実存を見出し、この領域に対する『うるさくこちたき教え』の侵入を峻拒した歴史的宣言にほかならなかった」。

徳川封建体制下の規範意識の崩壊は、もっぱら「『人欲』の解放」「拘束の欠如としての感性的自由」をもたらすという方向でのものであった。明治維新は、そのようななしくずしの過程を一挙に推しすすめたのであり、「理性的な自己決定の能力」に支えられるべき「規範創造的な自由」をつくり出すことはなかった。こうして、「感性的自由の無制約的な謳歌」からは「近代国家を主体的に担う精神が生れ出る」ことはなかった。

戦後解放の時点に立って、この論文は、「吾々はいま一度人間自由の問題への対決を迫られている。もとより、日本の直面している事態は、近代的自由の正統的な系譜をあらためて踏みなおす事で解決される様な単純なものではない。『自由』の担い手はもはやロック以後の自由主義者が考えたごとき『市民』ではなく、当然に労働者農民を中核とする広汎な勤労大衆でなければならぬ。しかしその際においても問題は決して単なる大衆の感覚的解放ではなくして、どこまでも新らしき規範意識をいかに大衆が獲得するかということにかかっている」と強調し、「モラルの確立のごときは制度的変革の後にはじめて来るという様な考え」を、きびしく斥けていた。

見るように、ここには、「西洋近代」を実体化してそれに追いつけばよいのだという思考の拒否、「労働者農民」を実体化して「勤労大衆」あるいはその前衛の意思に従えという思考の拒否、階級闘争と経済構造の変革を「モラル」の問題に優先させる思考の拒否、これらの拒否を通して戦後解放の方向を見定めようとする構えがあった。

三　二つの「自由」

五〇年たって、どうか。

いま、「自由＝市場経済＝規制緩和」という大合唱が、「規制」・「市場」・「自由」それぞれについての実は対照的な二つのコンセプトを仕分けしないままに、ひろがっている。そのようにして、これまで人類社会の知恵が積みあげてきた約束ごとの多くが、十把ひとからげに押し流されようとしている。そういう流れはしばしば「改革」と呼ばれ、「一寸待ってくれ」という「守旧」派を圧倒する勢いとなっている。

土地ころがしの「自由」、地上げの「自由」、インサイダー取引の「自由」は、それこそ、「人欲の解放」「拘束の欠如」としての「自由」が端的に本領を発揮した場面だった。そういう「人欲」の「自由」が跳梁する「市場」の論理を「拘束の欠如」＝「規制緩和」によって確保しようとするのが一つの方向である。しかし、そういう「自由」を「規制」することによってこそ「市場」の公正を回復しようとする方向が、「規範創造的な自由」だったはずである。

二つの「自由」の対照は、精神的自由の領域でもあてはまる。そして、その意味するところは、戦後民主主義にとっていっそう直接的でいっそう切実である。マスメディアと表現の自由の例をとるならば、「人欲」をどれだけ充足させるかによって上下する視聴率を至上とする流れのなかで、表現の自由の「規範創造」性は限りなく薄れてゆく。

「感性的自由」の優位と「規範創造的な自由」の欠落は、営利の担い手の行動や、それと呼応する現実政治家たちの言説についてだけのことではない。裁判所の判決、そしてそれを批判する学説にも、実はあてはまる。

というのは、判決文の説示でも、いったん憲法上の「自由」を「拘束の欠如」一般にまで拡げておいて、〝それでは困るから公共の福祉のために制限する〟というアプローチがとられてきたからである。たとえば、「喫煙の自由は、憲法一三条の保障する基本的人権の一に含まれるとしても、あらゆる時、所において保障されなければならないものではない……」（最高裁大法廷判決一九七〇・九・一六）というふうに、である。これは、「人欲の解放」一般にまで「自由」をいったん拡げるが、まさにそのために、〝それでは困るから〟それを制約する論理としての「公共の福祉」の中身をも、無限定に拡げることとなった。

判例を批判する学説も、そのような論理の枠組に乗ったうえで「公共の福祉」の出番を抑える議論をすることにもっぱらで、「自由」のほうの内容を「規範創造的な自由」にまできたえあげようとするいとなみは、手薄だった。

近代実定法は、国家「からの」自由を中心として権利体系を組み立てている。そして、一九世紀に形をととのえた近代法学は、その、国家からの「自由」の内容を、たしかに、「拘束の欠如」として説明してきた。そして、一九世紀後半に近代法と法学を西洋から継受した日本の法学は、そのような説明をまことに素直にうけいれた。一九四五年までの日本の実定法は、「拘束の欠如」を保障しはしなかったが、法学の思考枠組は、そういうものであった。しかし、本場の西洋では、国家「からの」自由という枠組をつくりあげるそのことのためには、「理性的な自己決定」による「規範創造的な自由」が不可欠だったのであり、一七世紀のイギリス革命、一八世紀のアメリカ独立革命とフランス革命は、まさしくそのような自由の担い手によってやりとげられたはずであった。

これまで、判例が無規定的な「自由」を前提にすることによって、それを制限するために無規定的な

「公共の福祉」を持ち出してきたのに対抗して、それを批判する学説は、いってみれば、〃自由への制限をできるだけ制限する〃というアプローチで議論をしてきた。自由制限立法の違憲審査という問題場面で、審査基準を類型化し、そのあてはめによって、いかに自由への制限を押し返すか、という議論の仕方である。それに対し、「自由」そのものの中身を吟味して、〃なぜその自由でなければならないのか〃を問題とするアプローチが登場した。「有象無象の生活領域」に関する人権のインフレ状況を批判して、「表現物が一定の実体的価値を有するがゆえに」その自由を擁護するのだという主張（奥平康弘『なぜ「表現の自由」か』）や、「人格的自律」という実質価値によって人権を道徳的に根拠づけようとする見解（佐藤幸治『憲法』）は、その点で共通する。そのような主張とは対照的に、最近あらためて、「基本権の基底について、脱道徳論への転回を試み」ようとする主張が説かれている。[4]

　この最後の提言は、あらためて「二つの自由」という主題についての思考を触発する。それは、「ある行動の遂行にあたって、……他者からの何らかの外的な制約を受けていない」ことを「自由」と考える立場に立つのであるから、形のうえでは、伝統的な判例や学説と同じ論理的枠組に立ちもどることになっている。しかしこの論者は、「何か価値ある目的、道徳的目的にとって望ましい目的を追求しているか否かを問う」自由論をしりぞけ、「卑近な人間の欲求を軽んずるおそれ」を問題とする点で、自覚的に「脱道徳」の立場に立っている。「理性、合理性、人格、個人の尊厳、人間性、意志の自由等、大陸的超越論が依拠してきた人間の特性に回帰する議論」から「抜け出る」必要を説く点で、自覚的である。そうであるだけに、「人欲の解放」としての「感性的自由」と、「規範創造的な自由」との対置の意味を、いまあらためて提起されている論点に重ねあわせて議論することは、有益なはずである。

「感性的自由」と「規範創造的な自由」の対比は、単純に、「からの自由」と「への自由」の対置と同じだと受けとってはならない。ここでの二つの自由の対比は、「拘束の欠如……に尽きている」自由と、「理性的な自己決定の能力」としての自由（さきに引用）との対比であり、後者は、「からの自由」の中身を自分自身の判断によって充たすことを意味しているのである。そのような意味で、前者は「非理性的動物にも、いな植物にすら適用出来る」のに対し、後者は、近代のえがく人間像についてはじめて語られる。そういう文脈があるからこそ、「近代」を疑う時局的背景のもとで、自覚的に、「理性」や「意志の自由」から離れた「脱道徳」の主張が出されているのであり、それに対しあらためて「近代」を擁護する立場が呼び出されてくるのである。

四　「虚妄」との緊張に耐えることの意味

丸山による二つの「自由」の峻別は、いってみれば、戦後解放の時期にひたすらまぶしくかがやいて見えた光源を、分光器にかけて鮮明に識別しようとするものだった。同じことは、「民主」についてもいえる。つぎの一節は、その一例である。――「民主主義は現実には民主化のプロセスとしてのみ存在し、いかなる制度にも完全に吸収されず、逆にこれを制御する運動としてギリシャの古から発展して来たのである。しかもこの場合、『人民』は水平面においてもつねに個と多の緊張をはらんだ集合体であって、即自的な一体性をもつものではない。……民主主義をもっぱら権力と人民という縦の関係からとらえ、多にたいする個体という水平的次元を無視もしくは軽視する『全体主義的民主主義』の危険性はここに胚胎する」（『増補版　現代政治の思想と行動』追記、一九六四年[5]――傍点は原文）。

判別しがたいものの意味を読み分ける接近法は、ネガティヴなものから逆接続の論理によってポジティヴな可能性を読み出してゆく場面で、いっそう本領を発揮する。

まず、「偽善のすすめ」（一九六五年）(6)。「偽善は善の規範意識の存在を前提とするから、そもそも善の意識のない状態にまさること万々……である。……日本のカルチュアのなかでは、偽善の積極的意味はさらに大きい。というのは、われわれの国における善悪や道理の観念は、儒教・仏教・キリスト教など、いずれにしても『外来』の教義によってはじめて明確な規範性を帯びたという事情があるからである」と説きおこすその議論は、憲法論議にも深くかかわる。諸個人の自由な意思による約束ごとという仮構にもとづいて組み立てられた社会契約論にせよ、そもそも人権という思想にせよ、いってみれば壮大なフィクションのうえに編みあげられているのが、近代立憲主義の論理の体系なのである。それは、建前としてのコトバや思想を「キレイごと」として敬遠、さらには軽侮し、本音（＝ハラ）をたっとぶ日本社会の風土のなかで、なかなか座りよい場所を見つけることができない。偽善と演技が善の規範意識を支える、という緊張関係は、本音の居直り、「外来」をきらって「日本は日本」と言ってのける居直りへの、対抗要因となるはずである。

つぎに、「忠誠と反逆」（一九六〇年）(7)。そこでは、忠誠と反逆それぞれの集中と拡散という観点から思想史的解明がおこなわれ、「君、君たらずとも臣、臣たれ」という命題が、究極におしつめたところでは「君」を「君」たらしめる諫争の論理に転化する、というきわどい逆説の可能性までが、浮きぼりにされていた。

かつて忠誠は天皇制国家に集中していたが、その集中はカッコつきのものであり、共同体集団への帰属感によって和らげられていたそのことが、「全体としての社会の精神的安定度」をさらに高めていた。いま、「会社社会」といわれる状況は、自分たちの属する職業集団への忠誠の集中を意味している。国家への集中に対する関係では忠誠は拡散したが、各人それぞれの忠誠は、その帰属集団にカッコぬきで集中してきたのである。

もともと近代立憲主義は、共同体から解放された諸個人が、自分たちのとりむすんだ国民国家（民族国家ではなく！）へと忠誠を集中し、しかし他方で、明示的に憲法や権利宣言に書きこむかどうかにかかわらず抵抗権を留保することのうえに、きずかれてきたはずだった。しかし、いま見られる状態は、集団の自律をたっとぶという名分のもとに説かれる「法人の人権」論や「部分社会」論によって「憲法番外地」がいたるところにつくられ、諸個人の意思でとりむすばれるはずの res publica の成立をさまたげている。「会社社会」をかつての「藩」になぞらえるのは、あたっている面もあるが、そうでない面もある。何よりそこでは、忠誠の徹底が諫争の論理に転化するというダイナミックスが失われている（＝「社畜」から「役所内のかばい合い」まで）。そうしたなかで、「権威屈従的とされる命題」から「反対の態度をひき出す可能性」を追求する力わざの試みは、ますます新鮮である。

そして、「虚妄」と「実在」（『増補版　現代政治の思想と行動』後記、一九六四年）[8]。「実在」と「虚妄」の対比は、大日本帝国と戦後民主主義との対比をさらに超えたところで問題となる。近代立憲主義の構成要素である人権も民主主義も、さらにさかのぼって「個人」それ自体も、どこかに「実在」しているものではありえないからである。「実在」への依存ではなく、「虚妄」との緊張に耐えることを、近代立憲主義は求めている。だからこそそれは、いま、いたるところで困難に当面しているのである。

（1）『丸山眞男集』第三巻（岩波書店、一九九六年）三―四頁。

（2）鵜飼信成『司法審査と人権の理論』（岩波書店、一九八四年）四〇四頁〔但し、後出九九頁の補註※を参照〕。

（3）『丸山眞男集』第三巻、一五三―一六一頁。
（4）阪本昌成「プライヴァシーと自己決定の自由」『講座憲法学』第三巻（日本評論社、一九九四年）二一八頁以下。
（5）『丸山眞男集』第九巻（岩波書店、一九九六年）一七三―一七四頁。
（6）注（5）前出、三二五―三二八頁。
（7）『丸山眞男集』第八巻（岩波書店、一九九六年）一六三―二七七頁。
（8）注（5）前出、一八三―一八四頁。

補論　「三教授批評」の眼力

［1996］

政治学徒のひとりでもなく、丸山ゼミ生でもなく、先生が講壇に立たれていた大学の学生だったこともない私が、あとで書くように幸運にも交わす機会に恵まれた、先生との数多くはない対話のなかで、忘れられない話題のひとつがある。それは、丸山先生が、宮沢俊義先生の第一回の講義をきいて、〝これはケルゼンだ〟とその方法上の下敷きを読みとり（講義だから「聴き分け」というべきか）、つぎの週からは講義をきくよりも図書館でケルゼンの本を読むことに没頭された（もちろん、先生ご自身がこんなブルータルな言い廻しを使われたわけではない）、ということである。こんど『丸山眞男集』第一巻に収められた「法学部三教授批評」（一九三七年）を、私としてははじめて読む機会を得て、三〇年以上もまえの先生との対話を想いおこしながら、学生・丸山眞男（筆名・山野冬男）の驚くべき解読力に、あらためて強烈な衝撃をおぼえている。

「三教授」の選定それ自体がその後の六〇年の歴史に耐えるものだったということは、いうまでもない。そのうち、我妻教授の「双葉に於て現われていた」「俊敏」さと「煉瓦作業の様な根気と確実さ」でもってとりくむ研究を評し、「聡明な我妻教授がかかる簡単な誤謬と危険に陥るとは思われない」としながらも、『「個人主義より団体主義へ」』という陳腐にして空漠たる標語」にその「精緻な法律構成」が「還元」されてしまう問題性を指摘しているのは、〝近代ばなれ〟を志向する当今の法律学にてらして、今日的意味をもつだろう。それはそれとして、ここでは、宮沢教授と横田教授、そしてそれとの関係でひき合いに出されているケルゼンのことに、はなしをもどす。

両大戦間期の日本で、ケルゼン・ブームともいえるものがあった。その主著のうち『一般国家学』と『純粋法学』がそれぞれ清宮四郎教授と横田教授によって訳されたし（いずれも岩波書店、前者は一九三六年、後者は一九三五年）、黒田覚教授をはじめとする論客によって、ケルゼン学説が紹介され引用され批判され、「ケルゼンの……」という著書論文も少なくなかった。これらの人びとは、世にしばしば「ケルゼニアン」ないし「ケルゼニスト」と呼ばれたのだった。それにひきかえ、宮沢教授は、むしろフランス流の学風の持主と一般には目されていたようである。そうしたなかで、「三教授批評」は、そのものずばり、「宮沢教授の憲法学はケルゼンの純粋法学をその方法的根柢としていることは略々疑いない」と断定する。それも、「しかも教授自身は決して自らを純粋法学者として規定したことは無く、この点で後述の横田教授と著しい対照をなしている」としたうえでのことである。

「純粋法学」「規範科学」を一九世紀型の素朴・法実証主義の極限形態と見ちがえ、現実ばなれした規範のピラミッドをもてあそぶもののように扱うケルゼン理解は、最近になってようやく一般にのりこえられたばかりである。そのことを考えるならば、すぐあとで見るようにイデオロギー批判を「法の科学」の中心的任務と見定めた宮沢教授の背後にケルゼンを読みとった慧眼は、やはり記憶に値する。

横田教授についてはどうか。「横田教授は純粋法学を真向からふりかざす」。そして同時に、「実践的・闘争的色彩が強」く、「曲学阿世の輩出する当今にめずらしい野武士的なたのもしさを具えた人である」。こうえがき出すことによって、「鋭敏な感受性をもてあまし気味の、懐疑的インテリの典型」でありつつ「憲法学の科学性の擁護のために奮闘をつづける」宮沢教授の「痛ましい姿」との対照をうかびあがらせる。

美濃部憲法学の後を襲って講壇に立った宮沢教授が、開講の辞で、A・コントの定式によせて、穂積＝神学的憲法学、美濃部＝形而上学的憲法学にかわる科学的憲法学の自負を語ったことは、丸山先生ご自身がそれを聴かれたことを回想しておられる。宮沢憲法学は、形而上学を法学から駆逐することによって、何を標榜していたか。美濃部還暦記念論集（一九三五年）に寄稿した「国民代表の概念」は、「何より現実を蔽う機能を持つ」イデオロギーが「現実の存続を欲する支配層の利益に役立つ」のを相手どって、「イデオロギー的性格をもつ諸概念のイデオロギー的性格を指摘し、その現実との不一致を暴露すること」が、「現実の改革を欲する非支配層」による行動の前提となる、という論理を前面におし出していた。しかしまた、形而上学の鎧をあえてぬぎすてた〝知〟は、みずから敵前で武装解除をするという効果をもたらすことにもなりうる。「三教授批評」は、「悪くすると、政治的圧迫に対して乏しい抵抗しかなしえないことの巧妙な自己弁護に堕する恐れ」を、そこに見てとる。片や横田教授について、「批評」は、「この純粋法学者」が他方では「熱烈な平和主義者・民主主義者として立ち現れ」、「外には帝国主義的侵略に対する、内には権力的独裁に対する果敢な抗争」をいどむ「矛盾」を指摘する。

ところで、この「矛盾」は、ケルゼン自身のものでもあった。そして、この論点は、それが本当に矛盾なのかを含めて、いま、戦間期日本でのケルゼン・ブームより一段深まったところで展開しているフランス語、イタリア語、英語圏でのケルゼン再読の動向のなかで、意識的にとりあげられている（例えば、『デモクラシーの本質と価値』の一九三二年仏訳の再刊版（一九八八年）の巻頭によせた、Michel Troper の長い序文）。

こうして、六〇年まえの学生・丸山眞男のつかみ出してみせた問題は、いまなお私たちの前に置かれている。こういう学生に講義しなければならぬ教師の仕事は、つらく、そしてたのしいというほかないだろう。

「丸山眞男」の読者が「丸山先生」にお目にかかったのは、東北大学の狩野文庫で調べものをされるために仙台に見えられたときが最初だった。先生に兄事されていた故・世良晃志郎先生のおすすめがあってのこととはいえ、学問のこわさを知らないままの一大学院生相手に快く応じて下さった面会でのことは、今ふりかえって汗顔というほかない。もっとあとになって、オックスフォードのストーリーさんとご一緒に仙台に来られたとき、研究会後の会食と二次会もすぎて気がついたときは最後に先生とサシになっていて、ご健康をおもんぱかってもうお宿にお送りしましょうと申しあげたあとまでも、熱っぽいほどのお話に引き入れられる、私にとってこの上なく贅沢な時間があった。

ある書物をお手許にさしあげたときのご返書に、「ヨーロッパの伝統を語る人は、キリスト教が非ヨーロッパ地域に発生したことを全然問題にしていない」ということの重要さを指摘して下さった一節がある。ヨーロッパ出自の立憲主義に、非ヨーロッパ地域の研究者としてかかわっている私にとって、この一節は、いつも静かなはげましとなっている。先生はご自身のご本を下さるときに「返信無用」という一句を沿えられるが、まことに、先生のお仕事への「返信」は、文字どおり一生かけての私なりのつたない書きものとしてしか、書くことができない。

5　たたかう民主制・その後※

［1996］

一　KPD違憲判決（一九五六年）をふり返って

戦後西ドイツ（当時）の憲法体制を特色づけるものとして、「たたかう民主制」と呼ばれる思想と、それを実定法化する制度をあげることができる。とりわけ、基本法二一条二項にもとづく政党に対する違憲審査の具体例として、連邦憲法裁判所によるドイツ共産党違憲判決（一九五六年八月一七日第一法廷判決 BVerfGE, 5, 85）は、よく知られている。この判決については、ドイツではもとより、日本でも、すでに数多くの文献がある。重複を避けて書くこと、まして、本稿に与えられた紙数からして、それらに新しい観点からの考察をつけ加えることは、きわめてむずかしい。

ここでは、まず、「政党で、その目的（Ziel）もしくは支持者（Anhänger）の行為からして、自由な民主的基本秩序を侵害（beeinträchtigen）もしくは除去（beseitigen）し、または、ドイツ連邦共和国の存立を危うくすることをめざす（darauf ausgehen）ものは、違憲である」という基本法二一条二項の文言それぞれの意味について判決が説くところを分析することは、断念するほかない。ただし、一点だけ、ここでいわれる〈Anhänger〉についてふれておきたい。日本で「党員」と訳されることの多いこの言葉は、「構成員 Mitglieder」に加えて「より広い人的範囲を包含」し、[1]政党への「献身」(BVerfGE, 2, 1) とそれに対する政党の反応いかんによって、だれが〈Anhänger〉に算入されるかどうかが決まるのである。

本件の訴えが出されて（一九五一年一一月）から判決（五六年八月）までの四年九ヵ月間の、(西) ドイツの国内・国際状況の緊迫した動きを背景として、審理の経過を点検することも、ここでは割愛する。

本判決に先立つ四年前にナチスの流れをくむと目される社会主義ライヒ党（SRP）を違憲とした一九五二年一〇月二三日判決（BVerfGE, 2, 1）とあわせて、基本法二一条二項の政党違憲審査制度を、「自由な民主的基本秩序」擁護のために、ナチズムとコミュニズムを両正面の敵として「闘う民主制」(streitende Demokratie) の要として位置づける見地も、もはや立入る必要はないほど周知のところである。政党違憲判決そのものはこの二件以降は出ていないが、公務職へのいわゆる「就業禁止」制度が問題とされてきたことも、いろいろと紹介されている。一九七二年に、連邦首相と諸州首相の共同決定として、「公職志願者が、憲法敵対的な目的を追求する団体に所属している場合、この所属は、自由な民主的基本秩序を常に擁護するかどうかについての疑念を根拠づける。この疑念は、原則として採用申請の拒否を正当化する」とし、現実に、一九七三—七五年の二年半のあいだに、四六万人が審査対象となり、五七〇〇人が問題ありとされ、四六七人について排除の結論が出された、とされている。連邦憲法裁判所も、「憲法敵対的な目的を追求する政党——その違憲性が連邦憲法裁判所の判決によって確定されているか否かにかかわらず——への参加ないし所属もまた、官吏候補者の人格評価にとって重要となりうる態度の一部である」という判断を示した（一九七五年五月二二日——BVerfGE, 39, 334)。これについても「違憲性」(Verfassungswidrigkeit) と「憲法敵対性」(Verfassungsfeindlichkeit) の異同についての議論があるのを指摘するにとどめておく。

二　政党の憲法化についての二つの議論

ここでは、東西冷戦の高揚期に「たたかう民主制」「自由の敵には自由を与えない」という立場を集約的に表現したこの判決が、東西緊張緩和から冷戦終了までを経験した今、どのように位置づけられているのかについて、簡単ながら点検をしてみたい。

一九八五年の第四四回ドイツ国法学者大会は、「政党国家性——民主的立憲国家の危機兆候から」という標題でおこなわれた。「危機」という言葉は、基本法二一条そのものに対する国法学からの評価が多様であることを示唆する。例えば、同条項を、「およそ基本法の最も重要な規定の一つ」とする評価から、この規定を削除してもよいとする見地までの拡がりがある。ペスタロッツァは、二一条が支配的解釈によって誤って理解され、「公的生活の中で政党が、国家機構を接収してしまうほどに」「過大な追求」をするようになっているとして、「オーストリアとスイスの経験によれば憲法規範化なしにやってゆけるのだから、この、誤って理解された、また誤って理解されやすい二一条そのものを抹消しても、われわれとして残念なことはおそらくないのではないか」、というのである。

とりわけ、本件に直接かかわる二一条二項については、本判決のように、同条一項が政党の役割を憲法上公認し保障したからにはその「必然的な帰結」(判決は、二一条二項と「自由な政治活動の基本的権利」としての意見表明の自由との間に「一定の緊張」が生ずることをのべながらではあるが、そう言う)と見るのに対しては、二一条二項を「反民主主義的思考……の産物」とする批判的見方も、健在である。一九八三年刊行の基本法コンメンタールで、ミュンヒがこうのべているのは、そのことを示す好例である。——「自由主義民主制にあって、政党禁止は異物（Fremdkörper）である。政党の価値あるいは無価値の評価は、裁判所の法的決定にではなく、選挙民の政治的決定にゆだねられるべきであろう。禁止は、政党を、殉教者の役割に追いやる。最後に、相争う政党による濫用の危険が、排除されない。いずれにせよ、これら政党が、対応する多数の力で提訴論者にそうさせるときには、その危険が排除されない(5)」。

そうしたなかで、本判決の役割をいまふりかえって位置づけようとするとき、二つの対照的な見地がある。

ひとつは、本判決こそが、その後の（西）ドイツの憲法運用の枠組を作り、特殊には、政党助成制度の成立の前提となった、というとらえ方である。本件提訴当時、ＫＰＤは、一九四九年の連邦議会選挙で、五・七％の得票率（比例代表選挙での名簿に対する得票）を得て、一五議席を確保していたが、審理中におこなわれた一九五三年選挙では、得票率二・二％にとどまり、議席を失った。その後、一九六八年に、ドイツ共産党（ＤＫＰ）が結成され、ＫＰＤの「代替組織」と認定されることなく存続してきたが、議席を得るにはいたらなかった。

もうひとつは、反対に、本判決を含む政党違憲判決の二例は効果がなかったではないか、という見方である。一九六八年のＤＫＰの結成だけでなく、一九六四年に設立されたドイツ国民党（ＮＰＤ）は、一九六九年の連邦議会選挙では、五％の壁に阻まれたが、四・三％の得票を得るまでになったではないか、というのである。

そしてその際、そのことの意味を、消極的にでなく積極的にうけとめる見地からすれば、一九六〇年代後半から八〇年代にかけて、「黄金の経済成長」を背景にしつつそれへの批判文化が成熟してきたことが重視され、本件判決は過去のものとなったとされるだろう。むしろ論争と抗議への寛容によって自己規定される文化のあり方は、それ自体に苛立つ立場からさらに異議申立てを誘発することになるとしても、である。[6]

三 基本法二一条二項の消極的な保障機能

もっとも、「違憲」政党かどうか以前に、「政党」でないとされることによる政党規制が、問題となりうる。そして、その意味で、二一条二項はアクチュアリティを持つ。

一九九四年一一月一七日第二法廷による二つの決定（BVerfGE, 91, 262 ; 91 276—EuGRZ 1995, S. 184 ff.）が、そのことを示す。憲法裁判所は、「自由ドイツ労働者党ＦＤＡ」（連邦政府と連邦参議院による提訴）と「国民リストＮＬ」（ハンブルク政府による提訴）という二つの極右団体につき、これらが「政党」（政党法二条一項）でないという理由で、訴えを退けた（unzulässig）。政党は「憲法上高い地位をもつがゆえに、一般の結社法の例外として特別の禁止手続」の適用をうけるのに対し、政党以外の政治結社は、基本法九条二項の問題となり、行政機関の権限によって禁止される。二一条二項は、政党ゆえにその禁止につき慎重な手続を用意したもの、として意味づけられることとなる。

（1） Ph. Kunig, Parteien, in: *Handbuch des deuntschen Staatsrechts*, Bd. II, 1987, S. 120.
（2） Ingo von Münch, *Grundgesetz-Kommentar*, Bd. 2, 1983, S. 1.
（3） Christian Graf von Pestalozza の、第四四回国法学者大会での所説——VVDStRL, 44, 1986, S. 122–123.
（4） Helmut Ridder, in : J. Mück（Hg.）, *Verfassungsrecht*, 1975, S. 85.

（5）　Münch, a. a. O., S. 50.

（6）　このことに関連して、参照、『転換期の憲法?』（敬文堂、一九九六年）三一―三四頁での、ハーバーマスに対するシュリンクの批判についての私のコメント。

※　**［この章全体への補註］**　この章は、もと、一九五六年八月一七日判決の検討を、『ドイツの憲法判例』と題する書物の中で分担するものとして書かれた。著名な事例なので「事実」と「判旨」の部分を省略する形式で、本書に収めることとした。本文で述べたような状況からの再変化を意味するのかどうか注目される事例が、ごく最近生じている。極右のドイツ国民党（ＮＰＤ）に対する違憲審査の申立てが、連邦政府（二〇〇一年一月三一日）と連邦議会および連邦参議院（同三月三〇日）によってなされており、憲法裁判所の判断が注目されているからである。

Ⅲ 九条・主権・人権

6 日本国憲法制定・運用史の三つの「なぜ」

［1995］

日本はすっかり変りました。
あなたの身ぶるひする程いやがつてゐた
あの傍若無人のがさつな階級が
とにかく存在しないことになりました。
すつかり変つたといつても、
それは他力による変革で、
(日本の再教育と人はいひます)
内からの爆発であなたのやうに
あんないきいきした新しい世界を
命にかけてしんから望んだ
さういふ自力で得たのでないことが
あなたの前では恥しい。
あなたこそまことの自由を求めました。
求められない鉄の囲の中にゐて
あなたがあんなに求めたものは、
結局あなたを此世の意識の外に逐ひ、

あなたの頭をこはしました。
あなたの苦しみを今こそ思ふ。
日本の形は変りましたが
あの苦しみを持たないわれわれの変革を
あなたに報告するのは辛いことです。
高村光太郎
（「報告―智恵子に」）

はじめに――隠れたキー・ワードとしての「立憲主義」

編者によって与えられたこの稿の課題は、「立憲主義の日本的展開」を論ずることである。戦後五〇年間の日本社会で、憲法問題は、争いの大きな一論点であり、より適切にいえば、さまざまの争いを集約する焦点としての意味を持ってきた。そのなかで、しかし、「立憲主義」という言葉は、むしろ、ほとんど使われてこなかった。そして、そのこと自体のなかに、「立憲主義」という言葉そのものの持つ歴史性を反映している一面と、それにしても戦後日本の憲法論議のあり方の特性をうつし出している一面とが、あらわれているのである。

前者の側面、すなわち、「立憲主義」という言葉そのものが担ってきた意味の反映という側面についていえば、こうである。

戦前の日本で、「立憲」主義ないし「立憲」政治というシンボルは、相反する二通りの憲法観によって、それぞれに援用されていた。

大日本帝国憲法のもとで、それをできるかぎり自由主義的に解釈運用しようとした立憲学派の代表、美濃部達吉にとって、「立憲政治は責任政治」であり、大臣の対議会責任によって「国民殊にその代表者としての議会」の役割を強化することが、「立憲政治」の核心であった（『逐条憲法精義』有斐閣、一九二七年）。それに対して、初期正統学派というべき穂積八束が帝国憲法を「立憲政体」下の「大権政治」として説明するとき、彼のいう「立憲」とは、「英国輓近ノ所謂議院政治ノ如キ其ノ実ヲ以テスレハ専制ノ政体ニ近シ」「之ヲ立憲政体ト称スト雖、実ハ其ノ変態タリ」（『憲法提要』有斐閣、一九一〇年）というような意味でのもの、つまり、イギリス流の議会中心主義は立憲政から外れている、というような意味でのものとして使われていた。美濃部流の「立憲」政治をも超えた国民主権の「新憲法」を持つことになった戦後の日本で、「立憲主義」という言葉がキー・ワードとして表舞台をにぎわすことにならなかったのは、ある意味で自然であった。

実は、「立憲主義」のそのような両義性は、この観念が権力の制限ということを核心においていることに由来する。この言葉が多用されたドイツで、それは、君主の権力の制限を意味するとともに、議会中心主義の徹底にブレーキをかける含意をも持たされていた。穂積八束による「立憲」の用法は、君主＝天皇の強大な権能を実定化した憲法のもとでなお、君主の、でなく議会の権能の制限こそを「立憲」の眼目として押し出すという背理を意味していたが、それは別として、どんな権力であれ権力の制限こそが「立憲主義」の本質であるということそれ自体は、重要な点であった。それゆえ、ドイツの隣国フランスで目立ってこの言葉（constitutionnalisme）、同じような意味で「法治国家」（Etat de droit）という言葉が多用されるようになるのが一九八〇年代以降だということは、示唆的である。この国の知識人の世界に大きな影響を及ぼしつづけてきた社会主義の理念が決定的なほどに動揺する状況を背景に、ルソー流の権力への自由という伝統にかわって、権力の制限こそを核心の課題とする問題意識が表面に出てきたのである。一九九五年九月東京で開かれた国際憲法学会第四回世界大会が、戦後五〇年の憲法状況を総括して二一世紀の問題状況を展望しようとする課題に、「立憲主義の五〇年——一九四五—九五年」というタイトルをつけたのも、そのような大きな流れの反映であった。

立憲主義は、どんな権力であれそれは制限されなければならない、という原理である。マグナ・カルタに代表される中世立憲主義は、西洋中世社会の、身分制権力の多元的並存の構造を前提としていた。近代立憲主義は、国民国家単位での権力の集中（＝主権）と、そのことによって身分制秩序から解放された個人（＝人権）の成立とを前提とする。一七八九年の「人および市民の諸権利の宣言」は、国民主権をうたって権力の正統性の「国民」による独占を定める（三条）一方で、「権利の保障が確保されず、権力の分立が定められていない社会は、憲法をもたない」（一六条）として、近代立憲主義を定義した。そこでいう「憲法」＝立憲主義は、国民の名をもってする権力自身が、権利保障と権力分立という制約に服することによって、「人」権＝個人の尊厳という、「およそ政治的結合たるものの目的」（二条）がはじめて達せられる、という考え方にほかならない。

戦後日本では

ところで、「立憲主義」という言葉がこれまで日本の憲法論議のなかで前面に立ちあらわれてこなかったのは、戦後日本での憲法問題の争われ方の反映でもあった。とりわけ、つぎの二点をとり出すことができよう。

第一に、日本の戦後改革へのとりくみは、何より日本の社会・経済構造の前近代性こそが、内での自由の欠如と外への侵略志向を導き出した要因だった、とする観点からおこなわれ、その意味で、経済主義的であった。農地改革、財閥解体、労働運動の解放という一連のラディカルな改革を推進した初期占領当局は、広い意味での講座派マルクス主義社会科学と、基本認識を共通にしていた（カナダ当局の要路にいたノーマンの名著『日本における近代国家の成立』は、そのことを象徴的にさし示すものといえる）。「広い意味での」講座派マルクス主義社会科学、という言い方をするのは、マルクス主義と対立項の関係で言及されることの多い「近代主義」も、日本社会の半「封建」性・前近代性を克服するという課題を提示する際に、社会・経済関係の近代化を何より問題とし、その際に、マルクス主義社会科学の日本社会認識と、認識を共通にするところが少なくなかったからである。

この点は、戦後（西）ドイツで「制度改革に代えて個人責任を追及する非ナチ化や政治文化の改革を目指す」方向が基本的だったのとくらべて、対照的である。[1]彼方では、立憲主義＝権力制限の論理という伝統がおのずと想起される文脈があったのに対し、此方では、経済構造の変革の致命的重要性が——それ自体としては正当に——強調される反面、経済主義的理解が、論壇や思想界をおおいつくす観があった。

第二に、日本国憲法施行後ほどなく、憲法九条が主要な争点となったが、その際、九条問題は、もっぱら、外交・軍事上の選択を争う局面で意識されてきた。九条の改正を主張し、あるいは九条のもとで再軍備の増強と日米安全保障条約体制の強化を主張するひとびとは、「悪の帝国」に対抗する必要を説き、反対に、九条の改正に反対し、あるいはその遵守を求めるひとびとは、「アメリカ帝国主義」批判を力説した。どちらにしても、九条問題が同時に、国内体制の次元での自由の問題でもあるという認識は、うすかった。近代立憲主義のエッセンスそのものというべき個人の尊厳という主題が、憲法論議の中心に置かれることはなかった。戦後解放された労働運動が「何よりも団結」を主張する点で集団主義的傾向を強く持ち、その労働運動が護憲運動の主要な部分を担ったことも、そのことと深い関係がある。

かようにして、戦後日本社会で憲法問題がとりあげられるとき、「立憲主義」——それはつまるところ権力の制限である——、とりわけ近代「立憲主義」——そのエッセンスは、個人の解放にほかならない——の擁護というかたちで議論されることが、少なかったのであった。

一　「民主主義的傾向」の「復活強化」？
——なぜ「おしつけ」られたのか

ポツダム宣言一〇項と一二項

「戦後」のはじまりを画すことになる文書、ポツダム宣言は、日本国政府が「日本国国民ノ間ニ於ケル民主主義的傾向ノ復活強化ニ対スル一切ノ障礙ヲ除去」し、「言論、宗教及思想ノ自由並ニ基本的人権ノ尊重」が確立されるべきことを要求し（一〇項）、「日本国国民ノ自由ニ表明セル意思ニ従ヒ平和的傾向ヲ有シ且責任アル政府ガ樹立」されることを求めていた（一二項）。広島への原爆投下→ソ連参戦→長崎への再度の原爆投下へとむかう絶望的状況のなかでなお、日本の戦争指導者たちがこの宣言の受諾を逡巡したのも、さらにまた、遂に受諾やむなしという態度となったのも、「国体護持」という至上命題とのかかわりでのことであった。

宣言受諾のあとも、宣言の意味するところが何なのかをめぐる議論は、分かれた。政府のもとに置かれた「憲法問題調査委員会」の作業は、天皇が統治権を総攬するという大原則には変更を加えない（担当大臣・松本烝治国務相が帝国議会で私見として示した「憲法改正の基本構想」一九四五年一一月）ことを前提としたものであった。一九四六年二月一日付『毎日新聞』紙上にスクープされた試案を見た連合国最高司令部が、いわゆるマッカーサー草案を用意し、日本政府からの案に正式に接したあと二月一三日にそれを政府に手交したこと、帝国憲法の根本原理そのものの変更を含むこの案に大きな衝撃をうけた政府が、さまざまに抵抗をこころみたが、結局、ほぼそれをそのまま「内閣憲法改正草案要綱」として三月六日公にするのを余儀なくされたこと、これら政府と総司令部とのあいだのやりとりは当時一切伏せられていたが、今日では周知のことなので、ここでくりかえさない。

ここでは、ポツダム宣言一〇項が「復活強化」されるべしとしていた「日本国国民ノ間に於ケル民主主義的傾向」が、なぜ、戦後変革を主導すべき新しい憲法をみずからの手でつくりあげることができなかったのか、が問題である。

美濃部達吉、佐々木惣一の反対

マッカーサーがまず東久邇宮内閣の近衛国務相に、つぎに幣原新首相に憲法改正の必要について示唆ないし指示を与えたあとでも、美濃部達吉は、『朝日新聞』紙上で憲法改正不要論（一九四五年一〇月二〇日―二二日）を説いていた。枢密顧問官だった彼は、帝国議会への憲法案付議に先立って諮詢をうけた枢密院の審議の際にただひとり反対し、帝国議会で憲法案が可決されたあとの最終的な枢密院の会議を、欠席している。京都立憲学派を代表する佐々木惣一は、貴族院議員として、憲法審議の最終段階で長い反対演説をしている（一九四六年一〇月五日）。美濃部、佐々木の長老世代につづく世代として、宮沢俊義、清宮四郎らが「憲法問題調査委員会」のメンバーであったが、清宮は、のちに、「委員会として、もう少しあれ〔マッカーサー草案にもとづく内閣の「草案要綱」〕に近づいたものができなかったかということは、後で気がついたのです[2]」とのべているし、私的な会話であるが、「ああ、日本がこれで行けるのならそれに越したことはないと思った」という率直な感慨を、筆者に述懐したことがある。南原繁総長の発意で当時の東京帝国大学のなかに設けられた「憲法研究委員会」（一九四六年二月一四日発足）のことを伝えた我妻栄（当時、委員のひとり）は、三月六日に「内閣草案要綱」が発表されたときの「多くの委員の驚きと喜び」を語っている。「ここまでの改正が企てられようとは、実のところ、多くの委員は夢にも思っていなかった」というのである。なお、我妻は、「当時極秘にされていたその出所について、委員会は大体のことを知っていた。しかもなお、これを『押しつけられた不本意なもの』と考えた者は一人もいなかった」とつけ加えている[3]。

もうひとつ次の世代で、内閣法制局参事官として帝国議会での政府答弁案の準備にもあたった佐藤功は、当時をふりかえって、「日本国憲法の原案——マッカーサー草案——を初めて見たときの鮮烈な感動、声を上げて叫びたいほどの解放感」を、こう語っている。——「『国民主権』とか、『基本的人権』とか、『法の支配』とかいうことは、私はもちろん書物では知っておりましたけれども……そういう言葉が他ならぬ日本の憲法に書き込まれるようになろうということは、不覚にも、私は思ってもおりませんでした。それが、それらの文字がこの憲法にちりばめられているのを目にしたときに感じた強烈な印象、感動というものを私はいまでも忘れることはできないのであります[4]」。

帝国憲法下で光栄ある前進と受難を経験した立憲主義憲法学のなかから、なぜ、一九四五年八月以降のいわば千載一遇の機会に、新しい日本の基本法をみずからの手でデザインすることができなかったのか。「書物では知〔ら〕れて」いた立憲主義の基本観念が、日本の実定法にとっては、戦前のアカデミズム立憲主義憲法学の最良の伝統をひくひとびとにとっても、「これで行ける」とは思えぬもの、「日本の憲法に書き込まれる」とは思えぬものとされていたのは、なぜだったのか。

大逆事件と治安維持法

「復活強化」されるべき「民主主義的傾向」、憲法論の次元でいえば戦前の立憲主義憲法学の伝統は、それ自体、光と影をあわせ持っていた。そのことを象徴的にものがたる二つの日付がある。

まず、一九一二（明治四五）年の、上杉愼吉と美濃部達吉との間の天皇機関説論争である。法人としての国家を統治権の主体と考え、天皇を、その国家の最高機関として位置づけて説明する天皇機関説に対して、上杉の師、穂積八束は、「異ヲ立テ奇ヲ衒ヒ、牽強付会ノ辞ヲナシ、国民ノ千古ノ確信ニ向ヒテ動揺ヲ試ミン」とするものと難じ、「其ノ国体ヲ侮辱スルノ罪ハ之ヲ鳴ラシテ筆誅セサルヘカラス」（『憲法提要』前出）と、激越な反論を加えていた。比較法制史講座の担当者としてアカデミズムの経歴を開始し、当時はまだ憲法講座の担当でなかった美濃部は、中等教員講習会での講演をもとにした『憲法講話』（有斐閣、一九一二年）で、「専門の学者にして……言を国体に藉りてひたすらに専制的の思想を鼓吹」する「変装的専制政治の主張」を排撃しなければならぬ、として反撃し、穂積の後継者、上杉が「国体に対する異説」（『太陽』一九一二年八月号）で再反撃することとなって、両者の間で論争がくりひろげられた。そして、美濃部学説が、学界（一九二〇年、憲法第二講座が設けられ、その担当者となる）、さらに官界、政界上層部から宮中にまで支配的な影響力を及ぼすようになる転回点が、この時期であった。

しかし実はその同じ時期に、幕末から自由民権運動にかけての闊達な思想的活力が大きく封じこめられることを示唆する出来事がおこっていた。一九一〇（明治四三）―一一年の、大逆事件とその裁判がそうである。この事件がひきおこされたその時点では、陸軍高官でもあった森鷗外が『沈黙の塔』を書き、「危険な書物を読む奴」を殺し「沈黙の塔」に死骸を運ぶパアシイ族の暗殺者になぞらえて、「新しい道を歩いて行く人の背後に」「隙を窺っている」「反動者の群」を静かに弾劾することができた（『三田文学』一九一〇年一一月）。この事件を境にして、しかし、のちに永井荷風が「……わたしは世の文学者と共に何も言はなかつた。……わたしは自ら文学者たる事について著しき羞恥を感じた」（『花火』一九一九年）と書かなければならないほど、知の世界にたずさわる者のうえに暗い影が蔽うことになった。

立憲主義憲法学の通説化の転回点であった一九一一—一二年の両義性に対応するのが、立憲主義の成果の集約点ともいうべき、一九二四—二五（大正一三—一四）年の両義性である。第二次憲政擁護運動によって政党内閣＝責任内閣制の慣行が実現し、男子普通選挙制が成立したこの時期は、同時に、治安維持法によって、異端とされる思想を法的に禁圧する手段が整備された時期ともなったからである。

こうして、一九一一—一二年と二四—二五年という二つの日付は、立憲主義憲法学にとっての〝光〟を象徴すると同時に、その〝影〟を示すものであった。たとえば美濃部自身がそうだった、というわけではない。論争のきっかけとなった『憲法講話』初版（一九一二年）で、「上は天皇から下は交番の巡査に至るまでこれ国家の機関」という説明をしてはばからなかった美濃部は、治安維持法に対しても、「信念として、現在の秩序に反対する思想を有する者が有ったとしても、それは思想の自由として忍容せられねばならぬもので、そこに立憲政治の立憲政治たる所以がある」（一九二六年）という立場を明確にしていた。だからこそ、一九三五年の天皇機関説事件の渦中で、変説・変節を断固として拒否しつづけたのでもあった。そのこととは別に、日本社会が「民主主義的傾向」に沿って進んでいたその時期に、他方では、思想の異端を許さない社会の骨格がうちかためられていたのである。「民主主義的傾向」を本当に「復活強化」させようとするならば、その根本にたちかえった変革が必要だったのであり、それをうけ入れようとしない日本政府に対しての「おしつけ」は、必然的であった。

「おしつけ」とは?

「おしつけられた憲法」というとき、当時の日本政府に対する関係ではまさにそうであった。しかし、国民世論は、政府案として公にされた新憲法案に驚くとともに、それを歓迎した。そのことは当時の世論調査の数字でも示されるし、日本ではじめての男女普通選挙によって一九四六年四月に選出された事実上の憲法制定議会では、圧倒的な多数で憲法案が採択された。これらのことについては、あらためてくりかえさない。ここでの問題は、国民に対する関係で「おしつけられた」ということは事実に反する、という事実上(de facto)の争点ではなく、もうひとつの争点、法的(de jure)な争点である。

というのは、こうである。de facto の「おしつけ」が問題であるかぎり、誰の誰に対してのそれであるかは別として、社会の大きな変革期につくられる憲法は、一国内だけの完結的な事実経過のなかでできるものでないことは、むしろ当然である。それに反し、de jure の問題として、典型的に想定されてきた近代国民主権国家の像にとって、「おしつけ」は致命的な打撃を与えるもののように見える。

しかし、「国民」とは何か? 近代憲法が想定してきたはずの「国民」国家は、血縁・地縁的な「民族」(“Blut und Boden”!)ではなく、一定の価値によって統合される、その意味では人為的な存在としての「国民」を基礎とする(「自由・平等・友愛」)。そのような「国民」が自然的な実在ではなくてつくられるものだということは、近代国家形成を説明するには社会契約論の論理が必要だったことが裏書きする。“nation *building*” という言い廻し自体が、その点で示唆的であろう。

「志を同じくするものによってあっちこっちで独立があいつぎ、あらゆるものの単位が小さくなることが、いまもっとも大切なこと」と述べた井上ひさしは、(5)二〇年後のいま世界を悩ませている「民族」紛争をあらかじめえがき出していたのか。その反対である。排他的な「民族」の自己主張ではなく、「志を同じくするもの」達が憲法理念を再結集の核として国づくりしようとしたのが、彼の『吉里吉里人』だったのだし、コトバを軸に nation building にとりくむ道程をえがいたのが、彼の『国語元年』だったからである。

「国民」の実体をつくりあげる場面で問題となることがらについては、つぎの項目のなかであらためてとりあげる。

二　八月「革命」？
——なぜうけ入れられたのか

「国体」をめぐる論議

日本政府が総司令部案を「おしつけ」られることになったのは、天皇が統治権を総攬するという帝国憲法の大原則に変更を加えない、という立場をぬけ出ることができなかったからであった。しかしまた、さまざまの抵抗をこころみた政府が総司令部案をうけ入れることになったのも、きびしい国際世論を知ってこれ以上の抵抗は「天子様を失う」(幣原喜重郎首相)という認識に到達したからだった。もともと、ポツダム宣言の受諾を逡巡したのも、「国体」を失う危惧ゆえにだったのであり、宣言受諾の詔勅も——連合国側とのやりとりでそのような確信に達したわけではなかったのに——「国体ヲ護持シ得テ」とのべていた。さらにさかのぼれば、一九四五年二月段階での近衛文麿公の上奏文は、「敗戦は遺憾ながら最早必至なりと存候。……英米の輿論は、今日までの所国体の変革にまでは進み居らず……随って敗戦だけならば国体上はさほど憂ふる要なしと存候。国体の護持の建前より最も憂ふるべきは敗戦よりも敗戦に伴ふて起こることあるべき共産革命に御座候」とのべ、日本の支配層にとっての最大関心事が徹頭徹尾何であったかを示していた。こうして、日本国憲法は、皇室制度と天皇の安泰を確保するための「避雷針」（当時の内閣書記官長・楢橋渡の言として伝えられている）として、うけ入れられたのであった。

天皇と皇室制度の安泰は、確保された。しかし、「国体」は護持されたのかどうかという形で問題が出されると、憲法案の審議過程でも、憲法制定後も、議論は錯綜した。

「法の究極にあるもの」としての「ノモス主権」の理念を強調して、新旧両体制をまたぐ天皇のありようの継続性を弁証しようとした尾高朝雄[6]と、一九四五年八月にポツダム宣言を受諾したそのことによって大日本帝国の根本建前はすでに変更されたとして、ノモス主権論を、「国民主権の採用――それは必然的に天皇主権の否定である――によって天皇制に与えられた致命的ともいうべき傷を包み、できるだけそれに昔ながらの外観を与えるホウタイの役割を演じようとするもの」と批判した宮沢俊義[7]とのあいだの論争は、よく知られている。その際、宮沢は、「法律的観念」としての「国体」が否定されたことを強調した。旧憲法下の治安維持法で保護法益とされた「国体」とは、「万世一系ノ天皇君臨シ統治権ヲ総攬シ給フコト」（大審院判決一九二九・五・三一）と定義されていた。そのようなものとしての国体が、日本国憲法の国民主権原理と両立しないものだったことは明らかであり、宮沢の主張は、憲法制定に先立って、ポツダム宣言を受諾し「日本国国民ノ自由ニ表明セル意思」（一二項）を統治原理とすることを承認したそのことによってすでに、旧憲法の根本建前は否定されたのだ、と説くところにその特徴があった。

ところで、その宮沢はまた同時に、「法律家以外の国民が国体と考へるところ」のものは変っていない、とも述べていた。(8) 旧憲法の解釈論から国体の観念をしめ出していた美濃部も、「万世一系ノ皇位」という「歴史的事実」と、国民の皇室に対する「崇敬忠順の感情」という「倫理的事実」「を示す観念」(『逐条憲法精義』前出）としての「国体」は承認していた。憲法審議の際の金森徳次郎国務相の「あこがれ」天皇論は、「法律的観念」としてでない「国体」の連続性を積極的に強調することによって、天皇の地位の連続性を説明しようとするものだった。それに対し、「法律的政治的な意義の国体」は「完全に変革」したし、「一般的精神的な意義の国体」も「ほとんど変革」したとのべたのが、横田喜三郎であった。(9)

「一般的精神的な意義の国体」についての横田の論議は、その後五〇年のあゆみによって、なかばは裏づけられ、なかばは裏切られることとなる。一方で、「歴史的」「倫理的」観念としての「国体」の中核となってきたのが、天皇の神格性への信念だったとすれば、それはたしかに「ほとんど変革」した。しかし他方で、「精神的」というよりは情緒的ともいうべき、天皇と皇室にむけての国民感情が、昭和天皇の重病から現憲法下初の皇位継承にいたるまでの経過（一九八八―八九年）に見られるようなあらわれ方をした面からすると、「ほとんど変革」したとは到底いいがたいであろう。

法的意味での「国体」と「法律家以外の国民が国体と考へるところ」との間に明確な区別をし、そのうえで、後者自身の変革の展望をきりひらくこと。それは今日なお、課題としてひきつがれているといわなければならない。

「国民」とは？

さて、「八月革命」論は、鵜飼信成によれば、「もともと丸山眞男教授が研究会で提示したものを宮沢教授が、丸山教授の承諾を得て憲法学者の説として発表した」ものであった。[10]※鵜飼のこの指摘は、「革命といわれるもの」が「主として政治学者の関心事」であるのに対し、「日本国憲法の場合には、事情が少し違う」とのべる文脈でのものであったが、その「違う」ことの意味が、ここでは重要である。政治学的事実の次元では、「だれ一人、この日〔八月一五日〕に『革命』が起こったという実感をもったものはいない。国は敗れても天皇は健在であり、その『鶴の一声』で日本の秩序は維持されている、と考えられていたからである」[11]という指摘が――「だれ一人」かどうかは別として――正しいであろう。それに対し、問題が新・旧二つの法原理のあいだの連続か断絶かという次元でのことがらであるとすると、さきに論点として出しておいたように、法の問題として、国民国家の自己決定が制約された状況のもとで国内法の根本原理の転換を語ることができるのか、という問に答えなければならなくなる。

その答は、早い時期に、すでに出されている。鵜飼は一九四七年の論稿で、次のように指摘していた。

「国民とは、単に形式的にある一国の国籍をもっている自然人の意味ではない。それは歴史的に国民として自己を意識するようになった人々の一体である」。そのような一体性の意識が成立するのは、「外に対し」ての関係でだけでなく、「内に於いても国民大衆と区別された特権的支配階級に対立することによってである。だから若し国内に於いて、国民に対立した一切の要素が、国民の内に包含されて一体となると解される様になる為には、それはすべての特権を捨てて、国民の一員と化すことによっての外にはない」[12]。

同じことを、フランス革命のイデオローグ、シイエスは、「貴族階級は国民の一員にはなり得ない」「異邦人」であり、彼らにとっては、民衆の圧力は「外圧」と感ぜられるのだ、と喝破していた（『第三身分とは何か』岩波文庫）。「異邦人」という言葉のあてはめ方は全く逆であるが、かねて「吾輩は日本人中の異邦人たらんことを願っている」と自己定義をしていた石橋湛山が、敗戦にのぞんで、「考えて見るに、予は或意味に於て、日本の真の発展のために、米英等と共に日本内部の逆悪と戦っていたのであった」（『日記』一九四五年八月一七日）と書くことができたのも、同じ論理である。[13]

その名に値する近代国民国家が成立する前提として、「国民」の形成を阻止する要素を排除するための「外圧」が必要だったことは、不思議でない。「八月革命」が一国革命でなかったことを難ずる議論は、当たらない。

三　「改憲」のパラドックス
——なぜ封印されてきたか

棚上げされてきた改憲論

日本占領の最高機関だった極東委員会は、「日本国民が、新憲法の施行の後、その運用の経験にてらしてそれを再検討する機会をもつために……、憲法施行後一年以上二年以内に、新憲法に関する事態が国会によって再審査されねばならないことを決定」（一九四六年一〇月一七日）していた。しかし、そのような動きは政治の場では現われず、学者グループの「憲法改正意見」として、新一条に「主権は日本人民にある」という条文を加え、九条二項の「前項の目的を達するため」を「如何なる目的のためにも」と改めるなどの提唱がなされたにとどまった（一九四九年三月二〇日発表の「公法研究会」意見）。

占領終了後、改憲論は、復古的色彩を濃く帯びたかたちで、政治の表面に登場する。天皇元首化、再軍備と国防義務、血縁共同体としての家の意義の強調という、いわば三本柱とするこの時期の改憲論は、吉田政権にかわる鳩山政権の成立とともに高揚したが、一九五五年衆議院総選挙と五六年参議院通常選挙で、改憲に反対する勢力が両院の総議員数の三分の一を確保したことを転期として、後退した。政府のもとに設置された憲法調査会が、一九六四年に大部の報告書を提出することとなるが、それも、改憲のムードを高める結果には結びつかなかった。改憲論がふたたび高揚するのは、一九八〇年前後、熱心な改憲論者であることを自認する中曾根首相の登場の時期である。八〇年代の議論が「悪の帝国」ソ連に対抗する「日米運命共同体」を強調したものだったとすれば、九〇年代に入ってからは一転して、「冷戦後」の「国連協力」「国際貢献」を旗印としたものとなり、戦後五〇年の節目をむかえて、あらためて改憲主張が声高に唱えられるようになってきた（たとえば、九四年一一月二日付『読売新聞』による改憲案提示）。

このように、五〇年代このかた、改憲論はあるときは政治の表面にあらわれ、あるときは底流におしもどされてきた。その間、一九五五年の保守合同以降一貫して政権にあった自由民主党が、その政綱で自主憲法制定という目標を掲げていたにもかかわらず、そのときどきの政権担当者はいずれも、「この内閣では改憲を日程にのせることはしない」としてきた。積極的改憲論者である中曾根首相を含めてそうであったし、たとえば鈴木善幸首相は、「憲法を改正しないという鈴木内閣の姿勢が政治家の信念として相いれないという閣僚がいるならば、内閣を去ってもらわねばならない」（『朝日新聞』一九八一年二月一七日）とまで語っている。

こうして、改憲はいわば「封印」されてきた。そうした事態を、「憲法問題がタブー化されてきた」と言いあらわす人たちがいるが、それは、事実に合わない。改憲主張は何度か提起され、そのうえで、選挙・政治過程からひっこめられたのである。それは、「改憲は票にならない」からであり、それ以上に、「改憲は票を逃がす」と考えられたからであった。それは、議会制民主主義のもとでの世論の——潜在的なものを含めて——圧力のはたらきとして、ごくあたりまえの現象といわなければならない。

(西) ドイツとの対照

改憲論が封印されてきたのは、しかし、「票」の問題だけではなかった。日本の戦後が戦争責任の問題をまっとうに問うことをしてこなかったことの、それは代価でもあった。この点で、戦後(西)ドイツが、アデナウアー政権のもとですでに明確に「非ナチ化」を推進し、まさにそれとセットに、一九五六年のボン基本法改正による正式の再軍備をし、徴兵制と良心的兵役拒否制度を導入したのと対照的であった。

日本で、戦前・戦中・戦後を通じてその地位にあった天皇の存在は、憲法上の正統性根拠が正反対のものに転換したにもかかわらず、継続的な外観を印象づけるのに役立った。しかも、継続的な要素は、単純な「印象」だけのことではなかったというべきであろう。戦前・戦中・戦後を通して同じ天皇を日本国憲法上の象徴の地位につけたこと自体、継続的な印象を、法的正統性によって実質的に裏づけるものであった。また、平和条約一一条により、日本が極東国際軍事裁判所の「裁判」——「判決」だけでなく、天皇を被告としなかった裁判そのもの——を「受諾」するのを連合国が確認したことは、外との関係でも、継続的な印象が法的正統性の実質的裏づけを持つことを、意味した。

そうしたなかで、戦争の責任を問いつめようとすればゆきつかざるをえない天皇の——少なくとも倫理的な——責任を問うこと自体について、敗戦直後の保守的自由主義者たちがそうしたのとは対照的に、それを困難にするような社会的雰囲気がつくられてきた。こうして(西)ドイツでおこなわれた非ナチ化と改憲・再軍備の組合わせは、日本では封じこめられることとなった。「などてすめろぎは人間《ひと》となりたまいし」と問いかける『英霊の声』(三島由紀夫)は、まっとうな改憲論の筋目からいって国軍の栄光の復活を妨げていると考えられているものに対する、痛切な告発の声であった。

戦争責任の棚上げは、改憲問題へのアジアの対応となってはねかえる。ここでも、(西)ドイツが周辺諸国――そしてイスラエル――との和解をおしすすめてきたのとは対照的に、和解ができていないそのことが、改憲へのブレーキとなってきた。

このように見るならば、改憲論がタブーとされてきたのではなくて、戦争責任、とりわけ天皇のそれがタブー化されてきたそのことによって、改憲論が封印されてきたのであった。改憲を強く求める勢力が、改憲論が封印されざるをえない状況をつくり出すタブーをつくりあげてきた、というパラドックスがそこにある。

戦後五〇年の節目をむかえる今、あらためて、「それでは戦友は犬死にしたことになるのか」、という感情が、戦争責任を問う論理の前に立ちはだかっている。それはそれとして、しかし、さきに指摘した二つの要素は、変化した。第一に、昭和天皇は人びとの眼前から去り、天皇と軍の結びつき(皇軍)の記憶はうすらいだ。第二に、アジアの民衆ではないにしてもその政府は、日本の経済力に対する期待からであれ、中国の潜在的な軍事的圧力に対するバランスを求める見地からであれ、アジアでの日本の軍事的プレゼンスに対するきびしい姿勢を、多少ともやわらげる傾向にある。

「五五年体制」の抑止力

こうして、改憲論に対する止め金として客観的意味をもってきた二つの要素が、変化を見せている。こうしたなかで、改憲論を封印してきた一九五五年体制について、それを全面的に否定的に総括する論調が、論壇・ジャーナリズムで強く押し出されてきた。五五年体制にしがみつこうとする「守旧派」と、その打破をめざす「改革派」、という構図である。

左右両社会党の統一と、それをうけた保守合同によって形づくられた五五年体制は、東西対立が生み出したものだったと同時に、その対立の効果が国内にストレートにはねかえることを抑制するものでもあった。その抑止力そのものを「冷戦ボケ」と非難する立場が、こんどは、国際間の矛盾と緊張をそのまま、あるいは増幅して日本がうけとるべきだとするのは、それとして首尾一貫しているだろう。ここで問題とすべきは、日本国憲法の理念を重視する立場からの議論が、五五年体制の抑止力を過小に見つもってきたのではないか、ということである。そのような過小評価が、一九九二―九四年にかけて、「改革派」主導の選挙法大改正のための動きを勢いづけたのであった。

五五年体制は、改憲問題についていえば、明文改憲が封じこめられ、解釈改憲とよばれる事態が並行したシステムである。

五〇年代後半に改憲論が政治の前面から退いて、一九六四年に、改憲の主張と改正不要を説く少数意見を併記した憲法調査会報告書が出される時点で、「立法改正と解釈改正……の二つの動きを正確に見きわめることが護憲運動にとっては大切」とし、「解釈改正は、立法改正ができないという政治的条件のもとで、立法によらずして立法改正と同じ目的を達成しようとするものであるから、本質的には、改憲の側にある」ことを強調した見解[14]は、それとしてきわめて適切であった。その反面、解釈「改憲」という用語がひとりあるきして、明文改憲に対する態度決定の重要さを相対化する傾きが出てきたようにおもわれる。

しかし、明文改憲を目的として追求しながら、同じ効果を解釈運用によって実現しようとすることと、ゆるやかな解釈運用に同調しつつその野放図な展開に歯どめをかけようとし、その歯どめとして、明文改憲に反対することとのあいだにあるのは、どうでもよい違いではないはずである。

そのような文脈からして、三〇年前にされていたつぎの指摘は、いま、一層の時局性をもつのではないだろうか。――「護憲勢力にとっては、憲法の『弾力的』解釈なるものにひかれる人たち（それは決して少なくない）をも包容しつつ、改憲勢力を圧倒しうるような〝護憲戦線〟を組むとともに、その人たちが抽象的に是認しようとしている『解釈・運用』論についても、個々の具体的な問題に即してその限界づけを試みつつこれを異質なものに変えてゆくという方法をとるのが、憲法問題をめぐる今後の法過程を全体として自己の側から有利に展開させるゆえんであろう(15)」。

四　「護憲」のねじれ――どこへゆくのか

「平和」と「くらし」のシンボルのゆくえ

戦後日本社会にとって、日本国憲法は、「平和」と「くらし」のためのシンボルとして、大きな役割を演じてきた。実際、この基本法のもとで、日本近代史のあゆみの中で戦死者のいない五〇年という時間がはじめて確保され、国民一般の生活水準が例を見ないほどに上昇したことの意味は、はかりしれないほど大きい。たしかに、「冷戦」とはヨーロッパを中心に見た世界像のなかの言葉であって、アジアは、中国内戦・朝鮮戦争・インドシナ戦争・アフガニスタン軍事介入というふうに、「冷」戦ならぬ本物の戦争の舞台だったのであり、そのただ中での、さらにそれを支えにすらした「平和」と「くらし」であった。そのことを十分に知ったうえで、しかし、一九四五年を大きな境目として、日本社会がそれまで知らなかった「平和」と「くらし」を経験したということ、日本国憲法がそのために果した役割が大きかったこと、を過小に見つもることは誤りである。

日本国憲法が何よりも「平和」と「くらし」のシンボルだったということは、冒頭でふれた、戦後日本の憲法の扱われ方の二つの特徴に、そのまま対応する。第一に、戦後改革のいわば経済主義的特徴に対応して、憲法は、生活防衛の貴重な手がかりとされた。第二に、外交・軍事上の争点として憲法九条が問題とされつづけてきたからこそ、憲法問題は何にもまして平和問題であった。護憲運動が労働運動によって担われる比重がきわめて大きかったから、担い手の面でも、内では「くらし」、外に対しては社会主義圏との対決路線に抵抗する「平和」が、憲法問題の中心として扱われたのは、自然であった。

いま、状況そのものが大きく動いている。「平和」については、「冷戦の終りとともに憲法九条の歴史的役割は終った」という見方が、「くらし」については「せっかく築いてきたこの『くらし』を維持してゆくためにこそ、日本は『経済大国』にふさわしい政治・軍事上の国際貢献をしなくては」という主張が、強く出されるようになってきている。※※こうして、これまで護憲勢力の中枢を担ってきた労働運動の主要部分が、控え目に言っても、護憲の課題に熱心でなくなり（連合）、国会両院での「三分の一」の壁も、少なくとも、きわめて不確かなものになった。しかしまた他方では、自由民主党の内部で、「護憲」をあえて強調する人びとが、要路につき（河野洋平・前総裁＝副総理、後藤田正晴・元副総裁）、護憲を掲げる新政党も成立している（さきがけ）。これまであえて「改憲阻止」という消極的表現方法にこだわっていた人びとが、「護憲」という積極的表現に同調するようになり、さらに、むしろ憲法シンボルの虚偽性を指摘する傾向のあった運動のなかで、日本国憲法の意味が確認されるようになったことも、あげてよいだろう。

憲法九条と立憲主義

こうしたなかで、いま、日本国憲法九条を不可欠の柱として成立してきた戦後日本の立憲主義の意味を、再定位することが求められている。

憲法九条が東西対立のなかで、日本自身の軍拡とアメリカ合衆国との軍事提携の強化に対し、抑止的要素として重要な意義を持ちつづけてきたことは、いくら強調してもしすぎではない。しかし、もっぱらそこにだけ視線をむける人びとは、東西冷戦の終わりとともに、憲法九条は「歴史的役割を終え」、「時代おくれ」になった、という見方をするだろう。しかし、国際政治の文脈だけからしても、「東西」対立にかわって前面に押し出されてきた、「南北」間の緊張と民族問題という緊張要因を問題にするならば、軍事的手段によらない働きかけの意義をシンボライズするものとしての憲法九条は、それこそ「時代」の要請を先どりしていたと見るべきであろう。

そのうえに、何よりも、憲法九条が立憲主義そのものに対して持つ意味に、あらためて目が向けられなければならない。しかも、その意味は二重に重要である。

第一に、戦後日本にとって。憲法九条は、社会全体の非軍事化を要請する条項として、日本社会のなかでの批判の自由――したがって自由そのもの――を下支えする意味を持たされてきたはずである。一九三五―四五年の一〇年間に頂点に達した祭政一致の軍事帝国を解体するために、神権天皇から象徴天皇への転換（憲法第一章）、戦争放棄と戦力不保持（第二章＝九条）、信教の自由と政教分離（第三章のひとつの中心条項としての二〇条）は、一体のものとして、日本社会を、天皇＝軍＝神というタブーから解放しようとしたはずであった。その意味で、憲法九条は、戦後日本にとって、日本のアンシァン・レジーム解体のための必然の存在であった。

第二、立憲主義憲法史そのものにとって。戦後日本にとって必然のものだった憲法九条は、しかし、立憲主義憲法史にとっては必然のものとされてこなかった。むしろ、逆であった。

ルソー流のデモクラシー観の源にある古代ギリシャのデモクラシーが、もっぱら武装能力ある男性を「市民」としてその基礎単位とし、「武器をとる者が投票する」(aller aux armes, aller aux urnes) という伝統をつくってきた。革命であれ戦争であれ、より広い意味で「権利のための闘争」であれ、最終的には力をもってしてでも確保されるべき正義、という考え方が、立憲主義と矛盾しないばかりか、むしろ積極的に結びつくものとしてとらえられてきた。第二次世界大戦が邪悪なファシズムに対する自由と正義の戦いとして戦われたことは、「言語に絶する悲哀を人類に与えた戦争の惨禍」(国連憲章前文) にもかかわらず、「力による正義」という考え方を、むしろいっそう強化した。

しかし、国連憲章が採択された一九四五年六月にはまだ知られていなかった核兵器の登場と、「きれいな」殺傷兵器テクノロジーの異常な発達を知るようになった今、個人の尊厳を核心とする近代立憲主義は、「近代」のもうひとつの面が生み出した技術文明の暴走への内側からの批判に答えるためには、あらためて、憲法九条の理念を自らに必然のものとして選びとり直すことが求められているのではないだろうか。

「近代」受容のための九条と、「近代」批判のための九条

くりかえすならば、第九条を争点の中心として争われつづけてきた日本国憲法が戦後日本にとって持った意味は、個人の尊厳を核とする「近代」を日本社会がうけとるためには、必然のものであった。それはまた同時に、「近代」そのものに対して、それを内側から批判する意味をあわせ持っている。もともと、西洋近代は、ヤヌスのように二つの顔を持ってきた。「大砲と工場」(軍事と経済) のそれが一面であり、

人権＝立憲主義のそれが、もう一面である。幕末以来の日本の近代化は、何より「大砲」の西洋近代に追いつき追い越そうとし、侵略戦争とその破局にゆきついた。その間、人権＝立憲主義の近代に対面して、あるときは逡巡し、あるときはそれを全面的に切り捨てた。戦後の日本は、「工場」の西洋近代に追いつく点で稀な成功例（影の部分を含めて）となったことが世界の賞讃と非難の的となってきたが、人権＝立憲主義の西洋近代を「人類普遍の原理」（憲法前文）としてうけ入れ、ともかくもその基本法のもとで社会を運営してきた点でも、非西洋文化圏のなかではいちじるしい稀少例となっている。最近刊の西欧のある憲法概論書は、「個人主義文明の政治的組織化の態様としての西欧デモクラシー」に対する非ヨーロッパ文明の対応を論じた節のなかで、「アフリカでの失敗」「イスラームによる拒否」とならべて、「日本におけるデモクラシーと伝統との綜合」という項目をあげている。(16)

ところで、西洋近代の人権＝立憲主義は、自国の総力をあげた戦争に対しても、それを「汚れた戦争」として弾劾する、精神の独立と表現の自由を可能にするものだった（アルジェリー反戦やヴェトナム反戦）。しかし、さきにふれたように、戦争そのものを否定するものではなかった。そのような西洋近代を、いったんその内側に入ったうえで、個人の尊厳をつきつめる観点から批判する意味を、憲法九条は持っているはずである。

近代擁護の意味

いま、西洋近代は疑われている。それどころか、疑うことが流行となっている。もっとも、その流行は、新しくはない。むしろ、流行そのものが、一種の先祖返り《アタヴィスム》ですらある。日本についていえば、あの「近代の超克」論議のゆきつく先がどんなかたちで近代を「超克」したのかを、もう一度おもいおこす必要があるが、ここでは、立ち入らない。ここでは、憲法論の領域での「近代への懐疑」に限って、いまそれが言われていることの意味を問題にしたい。

近代憲法の生命力が深刻に疑念にさらされた一九二〇―三〇年代には、論点はもっぱら、憲法論のうちの議会主義をめぐってのものであった。事態がいちばん深刻に提起され深刻にうけとめられたワイマール憲法下のドイツでの、議会主義の破産を宣言するカール・シュミット（『現代議会主義の精神史的状況』訳書＝『危機の政治理論』ダイヤモンド社）と、「それでも議会主義を擁護」しようとするハンス・ケルゼン（『デモクラシーの本質と価値』訳書＝岩波文庫）の主張の対立が、何より典型的であった。その際、ケルゼンの擁護論は、議会主義の機能不全と不適応を十分に認識し承知しながらも、それを補強・補完し、社会運営の技術として維持してゆこうという次元のものであった。

いま、問題とされはじめている主題は、近代憲法理念の核心そのものというべき人権である。一九八九年を大きな節目とする旧ソ連・東欧諸国の大変動によって、一七八九年の古典的理念としての人権は、全面的に復権したかに見えた。しかし、それ以後、一方では、「人」権主体としての個人をのみつくそうとする、民族ないしエスニック集団の専制がひろがっている。他方では、人権の担い手としての個人の観念をつくり出してきた本籍地というべき西欧自体で、個人への信念がゆらぎ、さまざまのかたちでの共同体主義《コミュニタリアニズム》や、「個人よりも共生」を説く主張が、一定のひろがりを見せている。

そうしたなかにあって、日本国憲法の理念を擁護しようとする立場には、二つの次元にわたって論難がむけられている。

第一は、「日本はもう十分に近代化したではないか、個人の尊厳＝人権という基本価値を前提としたうえで、立憲主義の大前提のもとでのありうべき選択肢を論ずることが、可能になっているではないか、改憲イコール立憲主義の破壊と考えるのは杞憂だ」、という主張である。なるほど、西欧型立憲主義諸国で、憲法改正は、かなりに頻度高くおこなわれている。しかし、たとえば、憲法改正――それだけでなく憲法制定――が近代史上しばしばだったことを知られているフランスにしても、改憲問題とは統治機構の権限分配の問題(les institutions の問題)次元どまりなのであって、立憲主義の根幹にふれる人権の事項については、一七八九年の「人および市民の諸権利の宣言」一七カ条がそのまま実定法とされ、それを審査基準として、憲法院がひんぱんに重要な違憲判決を下しているのである。

ひるがえって、「近代化」の指標を、識字率から先端エレクトロニクス技術の応用にいたるまで、つまるところ物的領域についてだけ問題にすれば、たしかに「十分に近代化した」かもしれない。しかし、マックス・ウェーバーのいう「魔術からの解放」(Entzauberung)こそを近代化の指標にとるかぎり、たとえば一九八八―八九年にかけての、現憲法下はじめての皇位継承の前後にかけて日本列島を蔽った「自粛」への過度同調を想いおこすならば、とうてい「十分に近代化した」とはいえないだろう。具体的な憲法上の争点をとるならば、事態は、より明瞭になる。改憲を強く主張する人びとが、教科書検定を通しての前「近代」的ともいうべき教育統制や、政教分離を「社会通念」の名のもとに融通無碍にゆるめる実例に対してその憲法適合性を争う裁判について、立憲主義の側に立った態度を明確にした例は、まだ聞かないからである。戦後日本社会で、改憲論は、一九六〇年代には、「もろもろの市民的自由や権利の体系を尊重しながら、市民の中の反帝国主義的勢力だけを弾圧できるような体制を作ることが、予想される改憲のコースとなるであろう」という展開の可能性がある、と見られていた[17]。一九六〇年代に見られた最高裁自体のリベラルな判例傾向(全逓中郵事件判決から都教組事件判決への流れ)は、憲法運用の場面でも、そうした展開を予測させるものでありえた。しかし、その後の展開では、「もろもろの市民的自由や権利の体系を尊重しながら」主張されるような改憲論が現実のものとなることはなかった。こうして、戦後日本社会で、改憲論は、一貫して、近代立憲主義の枠内での選択肢の提示ではなく、その外側からの攻撃であるという特徴を変えていない。

第二は、「日本国憲法擁護の立場がよって立っている個人の尊厳＝人権という近代の原理そのものこそが、いま批判されなければならないのだ」、という主張である。たしかに、西欧文化圏そのもののなかで、文化多元主義の立場に立つ、近代＝人権批判が、論壇・思想界で花ざかりといってよい状況である。そして、人権の母国自体の側から、「わたしたちが西洋近代の生み出したすべての価値を疑い、それを投げ捨てようとしているときに、あなたたちはそれを拾おうというのか」(18)、という問いかけがある。この問いに対して、日本国憲法擁護の立場は、あえて端的にいえば、「イエス、イエス、そしてイエス」と答えるだろう。上記の引用は、私も共通に出席した、西欧でのあるシンポジウム（一九九四年五月、パリ）をふり返っての記述であるが、現実にそう答えた私の発言をコメントした引用者は、その答えを、もっぱら「法学者らしい啓蒙的なもの」という次元でうけとめている。西洋近代の自己懐疑から来る発問をせっかく前述のように適切に定式化した引用者が、それに対する答えの意味を「啓蒙的」なものとしてうけとめることに終っているのは、それ自体、いまの思想状況の反映といってよかろう。一見たしかに「法学者らしい啓蒙的」なだけに見える回答は、「（自分自身の）生み出したすべての価値を疑う」論理を提供した「西洋近代」への、実は逆説的なこだわりを意味しているのである(19)。

おわりに

日本の形は変りましたが
あの苦しみを持たないわれわれの変革を
あなたに報告するのは辛いことです
（前出）

高度経済成長以後、さらに「日本の形」は変ったが、「苦しみを持たない変革」から五〇年たって、「苦しみを持たない」ままに「近代」を手放してよいのかどうか。──それが問題である。

(1) 大嶽秀夫『二つの戦後・ドイツと日本』（NHK出版、一九九二年）特に五七―八五頁。
(2) 清宮四郎「憲法学周辺五十年」『法学セミナー』一九七九年九月号、一六九頁。
(3) 「知られざる憲法討議──制定時における東京帝国大学憲法委員会報告書をめぐって──」『世界』一九六二年八月号。
(4) 佐藤功「私と憲法と憲法学」『東海法学』九号、二三頁。
(5) 井上ひさし「『吉里吉里人』の前宣伝」『社会科学の方法』一九七五年九月号。
(6) 尾高朝雄『国民主権と天皇制』（青林書院、一九五四年）所収。
(7) 宮沢俊義『国民主権と天皇制』（勁草書房、一九五七年）所収。
(8) 宮沢俊義『日本国憲法──解説と資料──』（時事通信社、一九四六年）。
(9) 横田喜三郎『天皇制』（労働文化社、一九四九年）一八七―二四二頁。
(10) 鵜飼信成『司法審査と人権の理論』（有斐閣、一九八四年）四〇四頁。

(11)　長谷川正安『憲法現代史・上』(日本評論社、一九八一年)七一頁。
(12)　鵜飼信成「主権概念の歴史的考察と我が国最近の主権論」(初出一九四七年→同『憲法における象徴と代表』〔岩波書店、一九七七年〕所収、一〇八頁)。
(13)　「国内の少数者が糸口を切って」おこなう変革は、旧エリートからすると「外圧」にほかならぬ、ということを鮮やかに摘出したものとして、坂本義和「世界秩序の構造変動」『世界政治の構造変動・1』(岩波書店、一九九四年)二九頁。
(14)　渡辺洋三「護憲運動の理論的反省」『憲法調査会総批判』(日本評論社、一九六四年)三五六―三五七頁。
(15)　広中俊雄「改憲問題の『法過程論』的考察」(初出一九六四年→同『法社会学論集』〔東京大学出版会、一九七六年〕所収、一九一頁)。
(16)　Bernard Chantebout, *Droit constitutionnel et science politique*, Paris, 11 éd., 1994.〔14 éd., 1997, p. 371 et s.〕
(17)　渡辺洋三「総論」長谷川＝渡辺編『安保体制と法』(三一書房、一九六二年)。
(18)　上野千鶴子「『雇用の危機』と『分配公正』」『世界・臨時増刊技術爆発と地球社会』一九九五年一月。
(19)　私の議論の立て方に対するそこでの批判的コメントに対するあらかじめの回答として、私の「『準拠国』の崩壊と立憲主義――『近代＝人権』の困難性と可能性――」(初出一九九三年→『近代憲法学にとっての論理と価値』二一六頁以下)、および、「人権主体としての個人――〃近代〃のアポリア――」(憲法理論研究会報告一九九三年→『転換期の憲法?』六五頁以下)を参照されたい。

※　〔**八四頁への補註**〕 但し、この点につき、高見勝利『宮沢俊義の憲法学史的研究』(有斐閣、二〇〇〇年)一七〇頁以下が、問題を指摘し、再検討を促している。

※※　〔**九一頁への補註**〕 本文でのべた改憲・護憲の対抗状況は、その後(一九九五年以後)の推移の中で、改憲勢力に有利に展開している。「バブル」期の「経済大国ナショナリズム」から一転して、「大東亜戦争」肯定を含む旧型民族主義のかたちでの改憲主張が突出してきている。

7 憲法九条と西欧立憲主義
――継承と断絶

[1998]

はじめに

日本国憲法の前文および第九条に掲げられた平和主義は、立憲主義発展史を正統に継承し、自由権から社会権への展開にくわえて「平和のうちに生存する権利」を追求しようとする。他方ではしかし、それは、「武力によって闘いとられ、維持される正義」という考え方との断絶、という側面をも持っている。ここでは、後者、すなわち立憲主義発展史との断絶の意味を、二つの点で明らかにしようとする。

一では、一九四五―四六年の日本にとっては、その断絶をあえてふみ出すことなしには、近代立憲主義の核心にある個人の尊厳という価値を基本において社会を構想することができなかったのだ、ということを確認しようとする（自由の条件としての第九条）。**二**では、日本国憲法の成立自体が、連合国による正しい戦争の勝利の結果としての大日本帝国の敗北という事実に負うている、ということの意味が問われる。「正しい戦争」の勝利によって生まれた憲法が「正しい戦争」の可能性を否定する、というパラドックスのなかに、「立憲主義のための挑戦」の意味をさぐろうとする試みである。

「立憲主義展開史にとっての一九四六年平和主義憲法」の意味を「継承と断絶」という観点からとらえ

ること自体は、さきに別稿で示す機会があった。[1] また、その前提として、近代立憲主義の発展史そのものを、「四つの八九年」、すなわち、一六八九年＝権利章典、一七八九年＝人および市民の諸権利の宣言、一八八九年＝大日本帝国憲法、一九八九年＝旧ソ連・東欧圏での「憲法革命」、という脈絡で位置づけることも、別の箇所で説明した。[2] ここでは、そのくり返しを避けながら、「継承と断絶」の持つ論理的意味についての省察をつけ加えることとしたい。ひとくちに「継承と断絶」とはいっても、簡単に「よきを採りわろきを捨てて……」といった具合に手軽にはこぶものではないからである。

一　「断絶」＝絶対平和主義を相対的思考によって根拠づけることの意味

日本国憲法第九条は、戦争と軍事化抑止のための立憲主義憲法史の系譜をひきつぎながら、あらゆる「戦力」の不保持を定める（二項）ことによって、あらゆる「戦争と、武力による威嚇又は武力の行使」を放棄した。一項解釈が分かれるにしても、二項の戦力不保持の帰結としてそうなる、と解するのが戦後憲法学の通説理解であった（ちなみに、政府解釈自体も、「戦力」不保持を前提としたうえで、九条の条文理解のいわば外側にある自衛権を論拠として「自衛力」「防衛力」を根拠づける、という論理構成をとっている）。その意味で、戦後憲法学は、第九条解釈論として絶対平和主義を説いてきた。

ところで、解釈論であれ立法論（憲法の場合でいえば改憲の是非というかたちをとる）であれ、法思考は、心情でなく論理と政策判断によって組み立てられる性質のものである。平和の理念は絶対的でありえても、平和の技術としての実定法解釈および実定法評価は、絶対的でなく相対的な思考のうえに根拠づけられるべき性質のものである。冷戦後の世界を「相対化」というコンセプトにより時代規定し、憲法学の九条論に対する問題提起の意味を持つ論点指摘が、坂本義和「相対化の時代」（一九九七年）によってなされている[3]。「時代」が「相対化」してきているという認識をふまえたうえでどのような評価的立場をとるべきかということは、憲法学が正面から受けとめるべき課題であるが、そのこととは別に、もともと、実定法学としての憲法学の思考は、相対的でしかありえないものだったはずである。

一見すると、たしかに、戦後憲法学は、絶対平和主義を「絶対的に」説いてきたように見える。日本国憲法の三大原理と呼びならわされてきたものの中で、まず、主権の理解は、人権によって相対化されてきたはずだったし、九条の存在そのものが、伝統的な国家＝国民主権観念をはっきりと相対化するものにほかならなかった。人権はといえば、「公共の福祉」の観念による相対化については考え方が分かれたとしても、他の人権への言及によって相対化されてきた。その手法は、人権相互間の調整というアプローチをとるにせよ、人権を他者を害さないものとして狭義に定義するという仕方によってにせよ、である。このように、主権と人権は、それぞれの対抗価値が憲法理念として援用されることによって、相対化されてきた。それとくらべると、たしかに、平和については、その対抗価値として意識されてきたのは戦争および軍事権力であり、それは、憲法上の正統性を持たないものとしてあつかわれてきた。その意味で、憲法の三大基本原理のなかで、平和は「絶対的」に説かれてきたように見える。

そのような外見にもかかわらず、しかし、絶対平和主義を説く論理は、無前提的に「絶対的」なものではなかった。説き手によって十二分に意識され定式化されていたかどうかは別として、そこには、自国の権力、および国民主権のもとでそれを支える国民そのものに対する不信と猜疑という前提のもとで、――従って、その意味で「相対的」に――論拠づけられてきたはずなのである。

憲法九条の解釈論の説き手として、それを自国の非武装を定めた条項と解してきた戦後憲法学は、そのうえでどうするかについて、非武装をつらぬく立場と、非武装の代替として日米安全保障条約を容認する立場とに分かれた（外国の戦力の容認・否認を憲法解釈論の問題とする見解と、それを政策論次元の問題とする考え方がそこで分岐するが）。その点での重大なちがいはあっても、しかし、ひとつの点で、考え方はふたたび、ほぼ共通なものとなって収斂していた。

それは、国連による安全保障措置に自国の武力をもって参加することに消極的態度をとりつつ、他方で、国連の安全保障措置に依存することを肯定してきた、という点である。国連への期待は、同時に、非武装中立政策と組み合わされるのが一般的だったが、日米安保条約による駐留米軍を国連と同視する見解もあった(4)。他方で、国連による安全保障への期待にもかかわらず、その国連の実力行動に参加すべきだという主張はなく、かえって、この点に言及する見解は、その憲法適合性について慎重であった(5)。概説書の古典ともいうべき地位を占めていた清宮四郎『憲法Ⅰ』(6)も、国連が「わが憲法と同じように」「真に世界的規模のもとに世界平和の理想を実現するものであるならば」、国連憲章第七章に掲げる行動に協力することは憲法のもとで可能になるが、「その理想からほど遠い国際連合の現実においては」それを否定的に解する、としている。

憲法九条を非武装条項として読んだうえで、安全保障のために国連に期待する、というこの基本構図には、憲法案審議のときの帝国議会での議論と対応するところがある。貴族院での高柳賢三議員の質疑で、「日本は新憲法の独自の世界平和政策と云うものに鑑みて、国際連合とは全然哲学を異にする。国際連合には寧ろ加入せざる方が憲法を認め居る我が国策に忠なる由縁ではないか」と指摘したのに対し、金森徳次郎国務相は、「此の憲法の趣旨が国際連合の趣旨と違う所のあることは、今仰せになりました如くであります」と答え、幣原喜重郎国務相は、もし日本が国連に加盟するときには、「我々はどうしても憲法と云うものの適用、第九条の適用と云うことを申して、之を留保しなければならぬ」、「我らの中立を抛って、そうして何処かの国に制裁を加えると云うの」は、「それは到底出来ぬ。留保によってそれは出来ないと云うような方針を執って行く」、と言明していた。他方で、吉田茂首相は、「万一日本に対して侵略する国が生じた以上は、連合国が挙って日本の平和を保護するという態度に出ずると云うことに理論に於てなって居る」、とのべていたのであった。(7)

さて、このように、自分は一切武力を使わないし国連に武力を出すこともしない、しかし「万一」のときは「連合国」＝United Nations＝国連（＝ひとによっては日米安保）に頼む、というこの構えに対しては、あえて俗流的な言いまわしでいえば、「ただ乗り」「一国平和エゴイズム」という非難がたちどころに予想される。しかし、そのような非難が単純な意味で的中するほど、この構えが便宜主義的だったわけではない。

それはまさしく、戦後憲法学が「戦後」憲法学であったことの反映だったのである。国連憲章は、そのなりたちから明らかなように、また、いわゆる敵国条項（一〇七条）の存在そのことが示すとおり、ドイツと日本の軍国主義を無害化する戦後管理の構想であった。日本を非武装平和に徹させることは国連そのものの眼目だったのであり、その日本が非武装平和に徹しようとするときその安全を侵す国が出てきたならば、「連合国」＝United Nations＝国連が安全を保障することは、まさに「理論」どおりのことだったのである。

近代立憲主義にとって、非武装平和は必然の結びつきを持つものではなかった。反対に、革命であれ戦争であれ、実力で闘いとられ維持されるべきものとされてきた。しかし、一九四五―四六年の日本にとっては、主権原理の転換と政教分離の導入によって神権天皇制の存立根拠を否定することとならんで、神権天皇制と結合した皇軍そのものを解体することなしに、立憲主義を再出発させることは不可能だった。その意味で、そこでは、近代立憲主義にとって非武装平和は必然的であった。いま、その必然的な結びつきを解いてよいほどまでに「戦後」が終ったといえるのか、が問われている。そして、「戦後五〇年」の国会決議（正確にいえば院の決議）をめぐる顚末から、「南京事件は無かった」「大東亜戦争は解放戦争だった」という言説が大きな抵抗にあうこともなく行なわれている現在にいたるまで、この国が「戦後」を終えることができないでいることを、証明することになっている。これら憲法論の前提となることがらにくわえて、憲法論の内部にかかわる問題としても、思想・表現の自由とそれを制度的に担保すべきはずの司法の役割とが、自由の支えとしての非武装平和主義をとりはずしてよい程度までに成熟したといえるかどうか、問われつづけなければならない。

戦後憲法学は、絶対平和主義を一見「絶対的」に説いてきたかに見える。そして、論者のすべてが、意識的明示的に、自由の条件としての非武装平和主義という連関を説いてきたとはいえない(8)。むしろ、もっぱら国家の対外政策の憲法上の条件として九条をとりあげてきたかもしれない。しかし、肝腎の問題は右に見たように、自由の条件としての憲法九条だったのであり、その意味で、実定法学に課された相対思考のうえに、絶対平和主義を説いてきたといえるのではないだろうか。

二　「断絶」＝「正義のための戦争」否定が「正しい戦争」＝連合国の勝利をみとめた結果であることの意味

憲法九条が立憲主義発展史を継承しながらもそれとの断絶を画するものであることは、「正しい戦争」

の可能性を否定するところに端的にあらわれる。古典的な近代国際法が想定した非差別戦争観が「正しい敵」(iustus hostis) どうしの決闘としてえがいた意味での戦争も、それとは反対に、第一次大戦以後の戦争違法化のなかで復活した「正戦」(bellum iustum) 論がいう意味での本来の「正しい戦争」も、否定される。

ところで、日本国憲法がそのような「正しい戦争」否定を実定化することとなったのは、第二次大戦が連合国によって「正しい戦争」として闘いぬかれ、ほかならぬナチス・ドイツと大日本帝国がそれに屈伏したからなのであった。大日本帝国をねじ伏せた戦争が「正しい戦争」であったことを日本国自身が承認したことは、対日平和条約一一条により、日本国が極東軍事裁判所の裁判を受諾したことによって、法的に確認されている。自分がひきおこした戦争に対抗してむけられたのが「正しい戦争」だったことを承認しながら、その「正しい戦争」の可能性をみずからは否定する、というパラドックスは、どのように説明可能なのであろうか。「正しい戦争」の勝利があったからこそ生まれたはずの日本国憲法が、「正しい戦争」の可能性を否定することは、自分自身の出自と矛盾しないのだろうか。

何よりさきに考えられる説明は、核兵器の出現と使用にかかわる。国際連合憲章が一九四五年六月二六日サンフランシスコで作成されたとき、人類はまだ、核兵器が何を意味するか知らなかった。その国連憲章が最終的には武力による平和という考え方のうえに立脚していたのに対し、八月六日(広島)と八月九日(長崎)という日付をはさんだあとの一九四六年日本国憲法にとっては「正しい戦争」を遂行する武力によって確保される平和、という考え方をもはやうけ入れることができなかったのだ、という説明である。この論理は、大日本帝国による侵略戦争としてはじまったはずの戦争の加害責任を、被爆＝被害体験によって多少とも相殺することとなる危険と、紙一重で接するきわどさがある。にもかかわらず、核兵器以前には邪悪な侵略者に対抗する「正しい戦争」がありえた――それだけでなく必要でもあった――としても、核兵器にうったえてまで遂行されるべき「正しい戦争」はもはやありえない、というのは、たしかにひとつの説明となるだろう。

とはいえ、それだけでは、十分でない。核兵器による報復のおそれのないところで「ハイテク戦争」「きれいな戦争」を演出しつつおこなわれるとき、「正しい戦争」を否定する論理は出てこなくなるからである。そこには、都合に応じて「正しい戦争」をしたりしなかったりする使い分けが出てくるだろう。

現に、一九九一年のバグダッドに対して「正しい戦争」をした（諸）国家が、一九四八年のプラハ、五六年のブダペスト、六八年のふたたびプラハを解放するために「悪の帝国」に対して「正しい戦争」を発動することはなかった。この二重基準そのものが、期せずして「正戦」論の実質を示している。そのような観点から一九四五年を逆照射すると、大日本帝国自身が「聖戦」という名の「正しい戦争」をたたかっていたはずだ、という側面が浮かびあがってくることになる。そしてもともと、問題は「正戦」論の論理構造そのもののなかに含まれていたはずだった、ということに考え及ぶだろう。

「正戦論によると、諸国家は、戦争の cause においてはもはや自由ではなかったが、戦争への決定（自己に正当な cause があるとみずから判断して、戦争の開始・遂行を決定すること）においてはなお自由であったから、戦争（ないし戦争権）は諸国家によって容易に濫用されるものであった」(9)。――古典的な正戦論についてこの的確な指摘は、「諸国家」を「国連安保理」と読みかえれば、いまの事態をそのまま言いあてている。そしてそのことは、つぎのことを意味するだろう。古典的正戦論がともかくも「諸国家」を対等に扱っていたのに対し、いまでは、戦争の cause の判定権が de jure には拒否権五大国に寡占的に、しかも de facto にはそのうちの一国に独占的ににぎられている、ということを。

いずれにしても、一九四五年を、「正しい戦争」を担った連合国の勝利と見るオプティミズムではなく、「聖戦」の虚偽性が暴露されたとしてうけとめるペシミズムとリアリズムが、非武装平和という選択の基礎にある。このペシミズムとリアリズムは、権力への徹底的な懐疑のうえに成り立つという意味で、近代立憲主義をいちばん深いところで継承する。しかしまた、それは、民主主義社会で結局のところ権力を支える自分自身への懐疑までを含んでいるという意味で、近代立憲主義の健康な信念と断絶し、信念なきニヒリズムと紙一重のきわどい場所に位置を占めている。

一九三〇年代に昂揚する国内での非妥協的対立を前にして（一九二九年）、ハンス・ケルゼンは、『デモクラシーの本質と価値』（西島芳二訳、岩波文庫）を論じた終章で、イエスではなく盗賊バラバのほうを赦免したピラトを、「真理」に賭けることを知らない懐疑主義者の悲劇としてえがいた。しかしケルゼンにとって、その引用が相対主義の世界観の致命的弱点を示すものでなかったのは、「必要があれば流血の暴力をもってでも貫徹されなければならぬような政治的真理」をイエスへの信仰と同じに確信することを、拒否するからであった。

国際社会での対立についてケルゼンのような考え方をつらぬくことは、たしかに至難のことである。本章でいう「断絶」は、しかし、そのような至難の課題への取りくみを求めている。それは、言葉の最もきびしい意味での「立憲主義のための挑戦」というべきことがらである。

（1）　樋口陽一『講座・憲法学（2）・主権と国際社会』（日本評論社、一九九四年）所収の第四章「戦争放棄」、とりわけ一一三頁以下。

（2）　樋口陽一『近代国民国家の憲法構造』（東京大学出版会、一九九四年）三五頁以下。

（3）坂本義和「相対化の時代」『世界』一九九七年一月号。

（4）法学協会『註解日本国憲法（上）』（有斐閣、一九五三年）二三九―二四〇頁、宮沢俊義『全訂日本国憲法』（日本評論社、一九七八年）一八〇頁。

（5）佐藤功「自衛隊のいわゆる国連軍への参加と憲法第九条」清宮・佐藤編『続・憲法演習』（有斐閣、一九六七年）所収。

（6）清宮四郎『憲法Ⅰ』（有斐閣、第三版一九七九年）一一七頁。

（7）参照、横田耕一「日本国憲法と国際連合――『集団的安全保障』と『中立』を中心に――」（小林直樹先生古稀記念『憲法学の展望』［有斐閣、一九九一年］）、また、前出の拙稿「戦争放棄」一二四頁および註(19)。「われら連合国 United Nations の人民」が結集した国際連合 United Nations への期待は、その「連合国」の内実が変化してアメリカ合衆国と同一視されるようになった段階で、日米安全保障条約への期待と等置されることになる。その点を含めて、これらの議論は、その後の憲法学の議論の仕方に反映しているといえよう。

（8）非武装平和を主張する政治勢力の主力であった社会党が、「非自民」連立政権に参加し（一九九三年）、ついで自由民主党との連立政権に首相を出すと（九四年六月三〇日）、日米安保条約の堅持（七月八日ナポリ・サミットでのクリントン大統領との会談）と自衛隊の容認（七月二〇日衆議院本会議）をいちはやく打ち出した。この大転換は世間をおどろかせたが、本稿の観点からするとより重大だったのは、「君が代」「日の丸」という争点についての態度の変更であった。「冷戦が終わったから」という理由で対外政策の憲法上の根拠を変えるときに、憲法九条が国内での自由の問題とかかわっているという認識が少しでもあったならば、少なくとも、九条についての態度変更とひきかえに、日本社会での批判の自由の許容度を示す指標にほかならなかった争点について、連立相手の自民党の側の態度変更をこそ求めるべきだったからである。そして、このことについては、戦後憲法学が絶対平和主義の――本文でのべた意味での――相対的根拠づけを明示的に示す点で足らなかったことに、責任の一端があることは否定できない。

（9）祖川武夫「カール・シュミットにおける『戦争観念』の転換について」『法学』一七巻二号九一頁。

8　主権＝「ラスト・ワード」と裁判

［2000］

この稿のもとになっているのは、一九九六年九月二七―二八日イタリア憲法学会とトレント大学法学部の主催でおこなわれた、国際憲法学会のラウンド・テーブル「国内・国際および超国家裁判のあいだの相互交渉」の際に、「国内裁判所への国際裁判所のインパクト」についてのセッションでした報告※である。もともと本誌『山形大学法政論集』に寄稿を求められたのは、先ごろ山形大学法学会の主催で学生むけの講演をしたのがきっかけであった。かりに同大学に在職していたとしても退官の年齢にあたる年まわりだったこともあって、当日は、私のこれまでの研究生活をふりかえって、「比較憲法四〇年」について話をした。その本誌への採録を求められたのだったが、学生諸君に耳で聞いてもらうことは別として、道半ばでの回顧談義で大学紀要の重要なページを塞ぐのは不本意なので、内容を差しかえた次第である。長年の交わりを重ねてきた畏友・伊藤博義君への敬意を、読者が汲みとって下されば幸である。

一　国際人権B規約第一選択議定書への「懸念」？

「国内裁判所への国際裁判所のインパクト」という主題に文字どおり忠実であろうとしたら、実は、日本の実定法について述べることは無い。

ヨーロッパ統合の進行にともなって、たしかに、リュクサンブール（EC裁判所）とストラスブール（ヨーロッパ人権裁判所）にむけての関心は、日本で、理論上も実務上も高まっている。少なくない大学で、ヨーロッパ共同体（EC）＝ヨーロッパ連合（EU）とヨーロッパ会議（Council of Europe）についての講義が開設されており、少なくない教科書やコメントつきの判例集も出版されている。しかし、日本それ自身は、これら二つの裁判所が蓄積してきたような体験とのかかわりを、まだもっていない。そればかりではない。「市民的及び政治的権利に関する国際規約」（いわゆる国際人権B規約）の第一選択議定書を、日本はまだ批准していない。

しかし、それをめぐる議論は、実定法上の素材の不存在にもかかわらず、かえって、ここでの主題にとって意味のある手がかりを提供している。日本弁護士連合会や数多くのNGOが、選択議定書批准の促進を主張し、実現にむけての運動にとりくんできた。それに対し、日本政府は、この規約による人権委員会への一九九三年報告のなかで、なお検討すべき問題点が残されているとして、「我が国司法制度との関係や制度の濫用のおそれも否定し得ないこと等の懸念」に言及し、「関連省庁の間で検討中」としている。

その「懸念」とは？　この発問を手がかりにして、国民国家の変容のもとでの「裁判」の観念についてのみじかい一般論的考察をすることによって、ラウンドテーブルの討論に参加することにしたい。全体テーマにいう国内裁判と国際ないし超国家裁判との「相互交渉」も、セッションのテーマとされたそれらの間の「インパクト」も経験していない国――というよりアジア全般――からやって来た報告者として、私は、ヨーロッパでは既に当然自明とされていることがらの意味を、あらためて問い直すことをしたい。

二　J・ボダンにさかのぼって

近代国民国家の古典的ヴァージョンに従えば、一定の領域社会で「最後の言葉」を発することができる者の手中に、主権が存在する。それでは、「最後の言葉」とは何だろうか。かのジャン・ボダンは、「主権の眞の標識」八項目の筆頭に、立法権、「他人の同意なしにすべての人々あるいは個人に法を与える権」を挙げた(『国家論』一五七六年、第一篇第一〇章)。この主権の観念には、社会構造の近代性——一方で普遍的な宗教権力に対し、他方で封建制諸権力に対する関係で、国民国家の手中に権力が集中する——が、何よりはっきりと反映していた。

今や、法を与える者——M・ウエーバー(1)とともにいえば法を oktroyieren する者——が主権者 (Souverain) であり、法の執行者 (Magistrat)(2) は、その法を文字どおり執行する仕事に限定される。伝統社会では、規範は、立法者によって創造されるものではなく、裁判権者によって発見されるものとされていたのであるから、この変化は大転換を意味した。裁判権者たる君主(樫の木の下での聖王ルイ)にかわって、立法権者としての君主が立ちあらわれる。「真理でなく、権力が法を創る Auctoritas, non veritas facit legem」。

そうなると、次のことが重要である。ボダン自身、その論点から十分な帰結を引き出してはいないにせよ既に着眼していたことなのであるが、主権者 (Souverain) によって与えられた法を解釈する立場にある執行者(3) (Magistrat) によって、主権が僭奪される可能性、という問題である。オリヴィエ・ボーの卓抜な表現を借りると、ボダンは、こうして、主権の権力集中的論理 (logique centripète) を理論化しながらも、解釈の権力遠心的論理（logique centrifuge）にも、注意をむけていたのである。この一六世紀の法思想家は、まさしく、主権者の手からこぼれてゆこうとする「最後の言葉」をもういちど取り戻すための論理を、最初から用意していたからである。彼は、「この、法を与えかつ廃する権力そのものの中に、主権のその他の権利・標識が含まれる……」として、そのなかに、「すべての Magistrat の判断を最終的に承認すること」（前出第一篇第一〇章）をあげている。

主権者と解釈者、立法者と裁判権者のあいだのありうべき難問は、こうして、主権者への有権解釈の回収によって、ふたたびひき戻される。主権者はここでふたたび、立法者でなく裁判権者として立ちあらわれる。(4)(5)

三権分立の図式をあてはめて通俗的にいえば、ボダンは、行政権優越の代弁者のごとくにえがき出される。(6) しかし、右のように見てくると、これも三権分立の図式をあえてあてはめていえば、裁判する権力（pouvoir de *jurisdictio*）の方こそが、立法する権力（pouvoir de *legislatio*）とならんで、主権の本質的構成要素だった、ということになる。立法権者たる主権者（Souverain）は、つねに、執行者（Magistrat）の手に自分の権力の実質が吸いとられてしまわぬように猜疑心を持っていなければならなくなる。

三　裁判官の正統性――国内

四世紀半のちの今は、私たちは、裁判する権力が、実は、主権者（今は国民）によって与えられた法をそのまま語るという役目から多かれ少なかれ著しく逸脱している、ということを知っている。たとえばアメリカ合衆国でいえば、原意主義と非原意主義との間のように、見解の対立があるにしても、文字どおりの意味での原意主義のヴァージョン、あえていえば客観的解釈の牧歌的ヴァージョンを維持しつづけるのは、今日ではむずかしい。

裁判する権力（pouvoir de *jurisdictio*）は、こうして、「法を語る」という、歴史的・語源的な意味にまでたちかえってゆき、どちらにしても、狭い意味での司法（judiciaire）の観念より広い意味でのものとなっている。そうだとしたら、進行中の国民国家の変容は、立法の場面だけでなく、裁判の場面でも多かれ少なかれ深刻な変化を伴うだろうことは、当然である。

日本の当局が裁判の国際化に対し、前述したように少なく見ても消極的な態度をとっているのは、国民国家の古典的な観念、それゆえ主権についての古典的な理解にあくまで忠実であろうとする限りは、まったく理に適ったものだということになる。反対に、これまでの国民国家の枠組を多かれ少なかれ再吟味する方向を目指すならば、立法の局面でとどまるのではなく、裁判の局面まで進むのが当然ということになる。そうなると、裁判官の正統性いかんという問題を、国際場面でも検討する必要となってくる。

国民国家の内側で、立法者としての主権者の正統性は、普通選挙あるいは人民投票の際に表明される人民意思に起源を置く。裁判官については、最上位にある裁判官——多くの国では、違憲審査をする裁判官——に関していえば、なるほど、彼らもまた、多かれ少なかれ人民意思を反映した政治的機関によって——方式は多様だとしても——選任されている。そのことの重要さは、かねてルイ・ファヴォルーが強調してきたとおりである。(7)

その指摘を受け入れながらもであるが、私もまた、私の持論をくり返しておきたい。(8)それは、人民意思という正統性とバランスをとるだけの重さを持ったもうひとつの正統性の存在ということであり、それなしには、裁判作用の悪しき意味での政治化の危険が生ずるだろう。

実際、アメリカ合衆国の最高裁判所の裁判官は、いみじくもJusticeという抽象名詞で呼ばれ、争い難いプレスティージュ――多くの場合には実際にも争われぬ――を備えており※※、それは、アングロサクソン社会特有の、「ステーツマンとしての法律家」という伝統に負うている。ヨーロッパ諸国の憲法裁判所はといえば、その裁判官たちは、大陸法諸国に共通する、ローマ法学にさかのぼる法学教授層の権威を背景にしている。

こうして、こう要約することができるだろう。政治権力、法を与える権力の正統性が人民に起源を持つのに対し、裁判する権力、法を解釈する権力の正統性は、知的起源に負う程度が大きい。

四　裁判官の正統性――国際裁判について

国民国家のレヴェルから外に眼をむけると、私たちは、国民国家でのありようとの類推、しかしひとつの顕著な違いを伴った類推を見出す。

法を与える権力は、たとえば、EC・EUの場合、その正統性を、ヨーロッパ市民の意思に求めることができる。しかし、ヨーロッパ規模での立法権の本質的部分は、各国政府の代表によって構成される（閣僚）理事会の手にある。直接普通選挙によって選出され、国を選挙区とするだけで国の代表でなく、ヨーロッパ全体の代表という意味を持つヨーロッパ議会の政治的重みは近年だんだん大きくなっているとしても、この「議会」は立法機関ではない。要するに、ヨーロッパ立法権の正統性は政治的（politique）であるが、だからといって、まだ本当に民主的（populaire）なわけではない。

法を解釈する権力、つまり、リュクサンブールの裁判所についていえば、裁判官（juge）ないし法務

官 (avocat général) の正統性は、国内裁判所の場合より以上に、彼らの知的信頼性に依存している。(ストラスブールの人権裁判所の場合を含めて) 裁判官の資格についての言及＝「高い道徳性と周知の能力」は、ただの決まり文句でも、無内容な定式でもない。

裁判官は、この文脈からして、立法者にくらべて、より各国別の利益から距離を置き、その裁判活動のなかでの対話を通して「共通のことば」を見出すすべをわきまえていることが、期待されている。これこそ「法の賢慮」(juris *prudentia*) という語の語源どおりの期待ということができる。国際場面、まして超国家場面で、法を与える力の方は最強者の法の強制となる危険が大きいだけに、このことは特に重要なはずである。

※※※

国民国家の国境の内側でも、それを越えた場面でも、国際・国内裁判所の裁判官は、立法権が陥りやすい傾向――一方では、多少ともポピュリズムにひきまわされる傾向であり、他方では、反対に、官僚制の論理の人質となる傾向――に対抗してバランスをとるという任務を、託されている。

しかしまた、メダルには裏側がある。裁判官への期待は、国内・国際社会を「後見人つきのデモクラシー」の状態にしてしまう危険性を伴っている。この逸脱をどうしたら避けることができるか。それは、もうひとつの報告、むしろもうひとつのラウンドテーブルの課題というべきである。

(1)　「形成された社会の実定諸規制は、(a)自由な合意によって、あるいは(b)Oktroyierung と服従によって、成立する。ひとつの団体における統治権力は、新しい規制の Oktroyierung のための正当な力を要求できる……」(Max Weber, *Soziologische Grundbegriff* 第一三節の冒頭)。ウェーバーは、法発見に対して法創造という観念そのものの新しさを強調して、こう言う。――「……新しい法規則の形成は、法規則が［上から］意識的に指令《オクトロアイーレン》されること［立法］によってもおこなわれることがある。この指令［立法］は、最初は、いうまでもなく、われわれが今日慣れているのとは非常にちがった形でおこなわれた。というのは、「法」としての性質をもつ——換言すれば「法強制」によって保障された——行為の規則が、規則《ノルメン》として意図的に創造されうるものであるという観念は、最初はどこにおいてもまったく欠けていたからである」（世良晃志郎訳『法社会学』創文社、二八五頁——文中［　］は訳者による補足、傍点は引用者）。

（2）　Souverain と Magistrat を対比する用法で、一般によく知られているのはルソーの場合である。その用語法によれば、法を与える Souverain としての人民＝peuple と、その法に従う sujet としての人民とのあいだに設けられ、法の執行と市民的・政治的自由の維持を任務とするのが gouvernement＝政府であり、その構成員が Prince または Magistrat と呼ばれる。訳し難いこの二つの言葉は、桑原武夫・前川貞次郎訳『社会契約論』（岩波文庫）では、Prince＝「統治者」、Magistrat＝「行政官」または「役人」と呼ばれている。いまの実定法上の用語としては、Magistrat は——まさしく本章本文の記述に対応するが——司法官（フランスでは裁判官と検察官を含む）の意味で使われている。

（3）　Olivier Beaud, *La puissance de l'Etat*, Paris, PUF., 1994 特に p. 191–196.

（4）　ボーは、アングロ・サクソンの法言語で、〈jurisdiction〉がしばしば、jurisdictio＝裁判という狭義でなく国権（la compétence de l'Etat）という意味で使われることに、注意を喚起している（*op. cit.*, p. 45–46）。

（5）　「ラスト・ワード」の所在をめぐる議論の射程は広い。たとえば、「裁判所によって適用されている規範の総体」が「実定法」だとする見解（Gaston Jèze, *Principes généraux du droit administratif*, Paris, 3éd., 1925, p. 34）を援用しながら、「実定法とは実際に適用されている法」であり「行政機関もまた……法の適用にきわめて積極的に関与する」とした見解（René Capitant, *L'illicite, L'impératif juridique*, Paris, 1929, p. 113–115）がある。そしてこの後者をコメントして、「（そうだとすると）一国の最高の法的権力は結局警官だという逆説的な結論になる。……このことほど、この立場の弱点を示すものはない」（Marcel Waline, Positivisme philosophique, juridique et sociologique, in *Mélanges R. Carré de Malberg*, Paris, 1933, p. 525 et s.）とした評がある。この批判に対する反論の仕方は、二つありうる。(A)＝一つは、「適用されている規範」とは「一般に服従されている法」であり、「規範の実定性をつくるものは民衆によるその規範の承認である。……実定性とはこのコンセンサスそのものである」（Capitant, p. 129–130）として、あらゆる法適用のなかに国民意思を読みとる。(B)＝もう一つは、警官による法適用は権力秩序のより上位にあるものによって再評価される可能性のもとに置かれているとして、最終的な有権解釈者——最上級裁判所ないし憲法裁判所——の権威のもとで、法秩序の統一性と階層性が保たれている、と説明する。つぎの段階ではさらにまた、(A)に対しては、そのような民衆の「ラスト・ワード」は、つまるところ、公権力の行使に明示的には反対しないというだけのことに帰着するのではないか、(B)に対しては、そのような有権解釈の最終性は、最上位規範——硬性憲法を持つ国ではそれ——の変更を対象にしてまで及ぶのかどうか、というふうに議論が展開してゆくだろう。

(6) 「あえて」というのは、近代法治国家の三権分立図式をボダンにまで遡ってあてはめれば、という意味でのことである。

(7) ルイ・ファヴォルー「憲法訴訟における政策決定問題——フランス」日仏法学会編『日本とフランスの裁判観』(有斐閣、一九九一年)二四八頁。

(8) 例えば、樋口『憲法Ⅰ』(青林書院、一九九八年)五四三—五四五頁。

※〔一一〇頁への補註〕 その報告の原文は、近刊予定の Yoïchi Higuchi, *Le constitutionalisme entre l'Occident et le Japon*, Institut du Fédéralisme Publication, Basel・Genf・München, Helbing & Lichtenhahn に、その第XIII章として収めた。

※※〔一一五頁への補註〕 二〇〇〇年大統領選挙での選挙人選出投票の当選人決定をめぐる合衆国最高裁の判断は、そのような権威をゆるがすものとなった。

※※※〔一一六頁への補註〕 裁判官の正統性の問題を、国内の違憲審査をする裁判官と国際裁判官のそれぞれ置かれた地位の比較を通して検討する論稿を、最近公にした。Y. Higuchi, Le problème de la légitimité du juge international à la lumière de la comparaison avec le problème de la légitimité du juge constitutionnel national, in *Liber Amicorum Judge Shigeru Oda*, Kluwer Law International, The Hague/London/New York, vol. 1, pp. 31-39.

9　人権論にとっての主権論
——その不在と過剰

［1997］

一　問題の提起

日本社会の実定法史上はじめて「侵すことのできない永久の権利」を掲げたのが日本国憲法である。その五〇年の運用に即して「人権保障の到達点」を見定め、「今後の課題」を探るのが、この稿の役目である。※与えられた標題を文字どおりにうけとめれば、憲法学をはじめとする諸法領域にわたる厖大な研究が、それぞれの仕方で問に答えているというべきである。私自身としても、いくつかの機会に、そのような仕事をしてきた（ごく最近では、『一語の辞典・人権』〔三省堂、一九九六年〕、「『近代的思惟』と立憲主義——『丸山眞男』とともに戦後憲法史を考える」〔『日本国憲法と私』〔岩波書店、一九九七年〕所収→本書**4**章〕）。ここでは、それらとの重複をなるべく避けながら、特に、「人権と主権——その連関と緊張」という観点から主題についての考えをのべることにしたい。それは、「人権」と「主権」は、憲法を論ずるときあまりにも基本的な観念でありながら——あるいは、それゆえにかえって——、その密接な連関と相互緊張の関係について、明らかにされるべき点が多くのこされていると考えるからである。

論点は、大きく二つに分かれる。

第一は、「人権」保障にとって「主権」の持つ意味がいわば未消化のままにのこされている、という点にかかわる。第二は、「主権」の強調が「人権」保障にブレーキをかけることになっている、という問題である。

二　「主権」の未消化の問題性と「人権」

「主権」の未消化とは、どんな問題か。

〝国民の主権が貫徹してこそ、その国民の人権がはじめて確保される〟ということなら、むしろ言われすぎてきたくらいである。そして、それに対しては、〝主権者国民の意思を僭称する権力によってこそ、人権がおびやかされるのだ〟という反論が出される。そして、その反論こそ適切であることは、のちに第二の論点にかかわる主題として見るとおりである。

ここでの問題は、そのようなことではない。「人権」という観念そのものが成立するための論理的連関のなかで、「主権」が持つ意味の重要さが、ここでの問題である。しかもその意味は、思想史認識のうえで本質的であるだけではなく、実定法解釈にとっても、致命的に重要なのである。

「人権」は、普通、「人が人であるがゆえに持つとされる権利」というふうに説明されている。この説明によれば、権利の主体であるためには「人」が「人」であることが、必要にして十分な条件だということになるはずである。しかし、これまた普通には、もっぱら一定の年齢に達する「人」について論ぜられる参政権（二歳や五歳の幼児に選挙権をみとめようという議論はない）、もっぱら労働者について語られる労働基本権もまた、「人権」として説明されることが多い。「女性の人権」や「こどもの人権」という言葉は、使

性なるがゆえの〝こどもなるがゆえの〟権利を指すことになっている場合がある。
いし単位に属するがゆえに主張される権利（affirmative action の場合など）を、「人
。権利獲得の歴史を、civil rights（自由権）→political rights（参政権）→social ri-
「人権」拡張の歴史としてえがいてみせることも、かなり一般的である。
の言葉であるからには、用語法の約束をきちんとしたうえで自覚的に意味をひろげて
体は、いけないというわけではない。しかし、「人権」という観念がもともと担ってい
通りしてのことだとすると、それは歴史認識をあやまることになり、ひいては、実定
しも自覚的でなく、思わざる効果をもたらすことになってしまうだろう。
が人であるがゆえに持つとされる権利」といわれるのは、それに先行する身
同体から解放された「人」一般としての個人が、その主体とされるからこ
る。もはや「聖俗の貴族および庶民の古来の権利」（一六八九年イギリスの
のそのような定式を、かたちのうえではひきついでいる）ではなく、まさに
ランスの「人権」宣言）なのである。その際、身分的共同体の解体に
元的並存状況を克服して領域内での国民国家への権力集中が進行
しての個人が人権主体として成立するためには、まさしく、国
たのである。しかも、身分制にもとづく社会編成を前提とせざ
の権力集中は完成することができない。身分制を正面から否定し、
よってそれを完成したのは、国民主権であった。ザ・人権宣言とも
列挙のなかに結社の自由が掲げられていないことの意味は、重大で

は、結社の自由ではなく、あらゆる身分的集団からの自由によって個人を解放し、
けることこそが課題だった、ということをそれは反映しているからである。
て、主権、とりわけ国民主権は、中間集団をひとまず解体することによって「人」権
たのであり、そのことが、近代憲法史の骨格をつくりあげたのである。そのような歴史
の認識が消化されないままに実定法解釈がおこなわれると、さまざまな問題点が生ずる。
集約的にあらわれるのが、「
(1)
議論である。「人権の主体」の問題として
としての法人の活動は、結局はその効果
である〃(3)などの理由で、「法人の人権」を
用されることの多い八幡製鉄政治献金事
二五頁)も、その点で通説と共通の前提
社は、自然人たる国民と同様、国や政党
なす自由を有」し、「政治資金の寄附も
説の多くは「法人の人権」を言う。憲法上の権利
それとしての議論が必要である。本章は、狭義の「人権」の思想史上の意
味を強調する見地から、二つの言葉を区別して使うべきだという立場に立つが、ここでは、判例が問題と
している表現の自由は、狭義の「人権」からしてもその中枢を占めるものであるから、それ自体として重
要なこの論点はカッコに入れて議論することができるだろう。

さて、「会社の……政治的行為をなす自由」を「自然人たる国民と同様」のものとして憲法上の権利に

まで高めることの論法は、そうするにあたって、近代憲法史・憲法思想史の側からむけられるであろう当然に予想される反論に対して、答える論理を特に示していなかった。学説の通説にのったかたちで自明のこと、いわば「当然の法理」と考えているのであろう。しかし、歴史学の側からは、「人格的信頼関係に依拠する必要の全くない物的・資本的結合」にほかならない「株式会社」を、なぜ「個人の人格の尊厳と自由の理念に由来する基本的人権の担い手」とすることができるのか、「現代のリヴァイアサンと化すに至った株式会社」の自由と、「(それによって強いられる) 運命と懸命に闘う個人」の自由をなぜ同じにあつかうことができるのか、という痛切な問いかけが発せられているのである。(4)

日本では、「法人の人権」を説く傍証として、ドイツ連邦共和国基本法一九条三項の、「基本権は、その本質上内国法人に適用しうる限りにおいて、これにも適用される」という規定が引かれることが多い。しかし、この条項はむしろ、それが無ければ「法人の基本権」が自明のこととして肯定されない、という文脈でうけとめられるべきはずのものである。実際にも、法人の憲法上の権利主体性を主張する側の方で、意識的にその主張を論証しようとしているのであって、法人の社会的存在としての重要性という事実から「当然の法理」的なものをみちびき出しているのではない。

現代ドイツの代表的憲法学者のひとり、ヘーベルレの論説「民主主義憲法理論の対象としての諸団体」は、基本法一九条三項を「例外規定」とは見ないという意味で、集団志向の憲法論に立つのであるが、だからこそ彼は、同条項を「基本権のもっぱら個人主義的な整序に対抗するひとつの決断」として見る見地を意識的に前提として、「社団的 (korporativ) な基本権理解の助けをかりた、現実に即した憲法理論」を、くわしく弁証するのである。(5) その際、個人の自由とその裁判上の保護という論点がたえず意識されながらのことだということに、注意したい。集団とのさまざまな関係での個人の自由 (「集団の内部での

(in)・集団をもってする(mit)・そして必要によっては集団の前での(vor)・そして集団に対抗しての(gegen)自由(6)を問題にし、集団と個人の自由が対抗関係に立つ可能性を吟味したうえで、だからといって「集団志向の出発点」を改めなければならぬわけではない、とするのである。そして何より、彼は、「国家による裁判独占の結果」としての「立憲国家の、権利保護の任務」が「集団の力を裁判所を通して規律することにより市民の自由を確保する」という点を強調する。(7)この点はとりわけ、日本での「集団志向」型法実務が、「法人の人権」「部分社会」という観念で団体の自由を実体法上も手続法上も拡張する反面、憲法上の私人間効力という技法を通して団体に対する関係での個人の自由を確保するという方向には消極的であるのと、対照的といわなければならない。

「集団志向」型の議論は、ドイツの場合、思想史のとらえ方という場面でも、意識的な議論の立て方をしている。例えば、「アメリカ合衆国およびドイツとのフランス『人および市民の諸権利の宣言』の比較」と題する論説は、これら三国をそれぞれの近代革命期で比較し、身分制的自由の伝統をひく社団(Körperschaft)重視という実質価値を引照しながら、ドイツ型のメリットを説く。それによれば、一七八九年のフランス(人権宣言)は自由と国家の合致を想定する一元論(Identiät)、一七九一年のアメリカ(合衆国憲法修正一〇ヵ条の成立)は自由と国家の敵対関係を基礎に置く二元論(Dualismus)としてとらえられるのに対し、一八四八年のドイツ(フランクフルト憲法)は、個人と社団と国家の鼎立を考える三元論(Trialismus)だとされるのである。(8)ここでも、日本での議論がもっぱら、団体・法人が現に大きな役割を演じている事実を援用するのに対し、ドイツ型立憲主義の基礎としての身分制的伝統が積極的に引照されている。日本の場合にもし伝統の実質価値への言及がおこなわれたら、立憲主義の憲法解釈にとって有利にではなく、決定的に不利な方向に動かざるをえなくなるだろう。ここでは、団体による自由を説くに足るほどの伝統が欠けており、村落共同体から旧・家族制度まで、中間集団が権力への抵抗要素であるよりも、いわばその下請けの役目をより強くひきうけていたことを、否応なしに思い出さざるをえなくなるからである。

最近になってようやく、日本でも「法人の人権」についての議論が、その問題性を自覚しながらおこなわれるようになってきた。(9) そうしたなかで、一九七〇年の八幡製鉄政治献金事件判決の先例性の射程をめぐる議論があらためて必要となってきている。

一九九六年三月一九日の最高裁判決は、強制加入団体である税理士会が政治献金をするために会員から特別会費を徴収する旨の決議をしたことは、会の目的の範囲外の行為を目的とするもので無効である、と判断した（民集五〇巻三号六一五頁）。九六年判決と七〇年判決では結論は逆になっているが、九六年判決は、税理士会が強制加入団体であること、および特別会費徴収が問題だったことを議論のきめ手としている。この二点は、労働組合の政党に対する寄附に関する一九七五年一一月二八日最高裁判決（民集二九巻一〇号一六九八頁）がとり出していた論点であった。その判決は労働組合のしたいくつかの行為についての判断を含んでいるが、政党への寄附について、その目的のために臨時組合費の徴収をすることはできないとする際に、組合脱退の自由が「事実上大きな制約を受けている」ことをあげていたのである。

そのような意味での限りで、一九七〇年大法廷判決と、後続する二つの小法廷判決の間には、整合性がみとめられる。強制加入団体かどうかの区別は、個人の自由意思への制約度を測る物差しとして、ひとまず適切といえるだろう。しかし、第一に、強制加入団体でないからといって、特別徴収による費用調達以外なら、醵出した団体構成員個人の意思にかかわらず献金が正当化されるのは、なぜなのだろうか。使途を特定した特別徴収とそうでない場合との間に、当事者の心理のちがいをこえた論理のちがいがあるとしたら、少なくとも、それは説明を要することがらであろう（もっとも、会社については、ことの性質上、株主からの特別徴収による政治献金ということは実際上問題になりそうもない）。

第二に、強制加入団体でない団体にその本来の目的ゆえに加入している個人が、団体の「本来の目的」でない目的のための行為に賛成できないとき、「嫌なら出てゆけ」といえる論理は何なのだろうか。この点で、傾聴に値する指摘がある。「『言論』は、言論であろうとする限り『党派的』たらざるをえない営みである。『政党のあり方いかんは、国民としての重大な関心事でなければならない』という云い方の下に、特定政党への金員供与に外ならない政治献金を、恰も政党一般の『健全な発展』に協力することであるかの如く微温化する一九七〇年判決の行論は、判決が政治献金の『言論』性を認めていないことの直截な表明である」として、「団体の政治献金の自由を『言論の自由』の問題として引き受けようとした初めての最高裁判決は、一九七五年判決である。一九七〇年判決ではない」、と言う指摘がそれである。(10)

会社の政治献金を「言論」としてとらえるなら立ち入った正当化の説明が必要なのにそれをせず、「社会的実在としての当然の行為」というにとどまる判決について、「こう読まなければ説明がつかない」と指摘する文脈で、この指摘はまことに説得的である。しかし判決それ自身は、右に引用された説示につづけて、前出のように、「政治的行為をなす自由」の「一環」として、政治資金の寄附をあえて位置づけてしまっている。その意味で、七〇年判決はやはり、団体の「政治的行為をなす自由」を、十分な説明ぬきで個人の表現の自由に優越させたものといわざるをえない。

三　「主権」の強調の問題性と「人権」

第二の問題は、第一の問題といわば逆むきに、「主権」の強調が人権論にとって否定的な方向にむけての効果を発揮していることにかかわる。第一の問題が法人の優遇に端的にあらわされているとすれば、第二の問題は外国人の劣遇に、集約的にあらわれている。

日本国憲法は、法人についても外国人についても、明示の言及をしていない。関連しておもい出すのに値するのは、連合国最高司令部から提示された案では、平等条項が〈*All natural person* are equal before the law〉（一三条）と定式化され、また、〈*Aliens* shall be entitled to the equal protection of law〉（一六条）という規定があった、ということである。明示の規定を持たない実定日本国憲法については、解釈が問題となる。

ごく最近、地方公共団体の管理職選考試験の受験を外国人に拒否したことを違法でないとした下級審判決が、その判決理由のなかで、原告の主張をしりぞける行論の中心に「国民主権」の観念を援用した（東京地判一九九六・五・一六判時一五六六号二三頁）。

判決はまず、国民主権論をこう説きおこす――。

「国民主権の原理は、憲法前文及び一条において憲法の基本原理として採用されていることが明らかであり、その理念は、国家権力の正当性の究極の根拠が日本国民の意思に存し、日本国民が国の政治のありかたを最終的に決定することをいうものと理解することができるが、我が国は、国際社会の中で独立した国家であり、憲法及び法律によってつくられた枠組みの中で国民に対して広汎な支配を及ぼし、その担い手となる公務員の職務遂行を通じて右の統治作用が日々実現されているものであることに鑑みると、国民主権の原理は、単に公務員の選定罷免を決定する場面のみに日本国民が関与することで足りるものではなく、我が国の統治作用が主権者と同質的な存在である国民によって行われることを要請しているると考えられるから、憲法は、我が国の統治作用にかかわる職務に従事する公務員が日本国民すなわち我が国の国籍を有する者によって充足されることを予定しているものというべきである。」

そのような「国民主権」観を前提にしたうえで、判決は、「公務員の職務内容に即し」二つの類型それぞれについて、つぎのようにのべる——。

第一に、「憲法は、統治のあり方として、憲法上国の統治作用の根本とされる立法、行政、司法の権限を行使し、主権者たる日本国民の意思が職務遂行の中に体現していると認められる重要な権限を直接的に行使する公務員、例えば国会の両議院の議員、内閣総理大臣その他の国務大臣、裁判官等については、日本国民であることを要するものとしているというべきであるから、法律をもって外国人がかかる地位に就くことを認めるのは、国民主権の原理に反して許されないものと考えられる。」

第二の類型については、こうである——。

「さらにまた、統治作用は国政全般の多岐にわたるものであり、その権限は、法規により、国政における重要性等に応じて一定の基準をもって各職層の公務員に配分されているものであるから、右の直接的に国の統治作用にかかわっているものと認められる場合だけでなく、公権力の行使あるいは公の意思の形成に参画することによって間接的に国の統治作用にかかわっていると認められる場合についても、憲法は、外国人が右の職責を有する公務員に就任することを保障しない趣旨であるというべきである。もっとも、右のように公権力の行使あるいは公の意思の形成に参画することによって間接的に国の統治作用にかかわる職務に従事するにすぎない公務員については、主権者たる日本国民の意思の発動として、法律をもって明示的に、日本国民でない者にもこうした権限を授与することは、何ら国民主権の原理に反するものではないから、憲法上禁止されているものでないと解するのが相当である。」

第一類型の公務員については外国人の就任は国民主権原理に反し憲法上許されないのに対し、第二類型のものについては、憲法上の保障が及ばない、ということになる。憲法上の保障が及ばない、ということの意味はどこまでのことを含むのか。

まず、第二類型の公務員への外国人の就任を禁止する法律があったとして、それを違憲とすることができないこととなる。つぎに、就任を許容する法律が憲法上禁止されない、ということを意味する。問題は、公務就任を外国人に禁止する法律も許容する法律もないとき——本件の場合はそれにあたる——であるが、判決は、主権者国民の意思の明示の発動としての法律がなければならないとして、つぎのように論をすすめる。——

「したがって、前記のとおり、外国人に対して憲法二二条一項の職業選択の自由及び同法一四条一項の法の下の平等の各規定の適用があるとしても、右の基本的人権は、その性質上、右に述べたところと抵触しない限りにおいてその保障が及ぶに過ぎないものと解するのが相当であり、これを禁止する法律がないからといって、外国人が右の職責を有する公務員に就任することが保障されているということはできないものというべきである。」

争われている事項領域について法律がない状態をどうとらえるかについては、一義的な解決基準があるとはいえないだろう。ひとつの著名な例として、参議院議員の選挙区への定数配分規定の平等違反が争われた事件で、公職選挙法制定以来いちども定数是正がおこなわれてこなかった（沖縄復帰にともなう措置を除いて）にもかかわらず、それを立法裁量の範囲内とした最高裁判決（最大判一九八三・四・二七民集三七巻三号三四五頁）の多数意見に対し、まったく改正をしないで放置している状態を「立法裁量」によって説明できるのか、という個別意見による指摘があった（団藤裁判官の反対意見）。そこで批判の対象となった多数意見の論理は、「国会の怠慢ともいうべき単なる不作為」（団藤）をも立法裁量の観念でとらえていることになるのだとしたら、「怠慢」といいえない種類の立法不作為は、その事項についてあえて立法をしないという立法裁量の結果を意味しているといえるはずである。この点は特に、争われている事項領域が人権にかかわるものである場合に、後述のように、少なくない意味を持つことになるはずである。

第一類型の公務員については、もっぱら国民主権原理によって議論が導き出されているのに対し、第二類型のものについては、職業選択の自由および法の下の平等を定めた憲法条項に基づく主張をしりぞける文脈で、国民主権が援用されている。

これまで、外国人の公務職への就職をめぐることがらは、「公務就任権」の名のもとに、あるときは参政権の問題として、あるときは職業選択の自由および法の下の平等の問題として、主張され議論されてきた。その際、参政権アプローチを採るか人権アプローチをとるかのちがいについて、詰めた議論をしてきたとは言いがたい。

さきに二でも強調したように、狭義の「人権」のもつ論理的意味へのこだわりが、ここでも思いおこされるべきである。あえてくりかえすならば、狭義の「人権」は、主権の担い手である国家によって身分制中間団体から解放された個人が、人一般としての個人であるがゆえに持つとされる権利であった。一七八九年宣言の標題「人（homme）および市民（citoyen）の諸権利の宣言」にいう「市民」とは、ルソー以来の原意に従って、主権者である全体としての人民（peuple）を構成する個々人に着目してとらえたときの用語であり、それゆえ、「市民の権利」とは、選挙権ほか参政権を中心とするものにほかならなかった。(11)

そのような脈絡で、参政権は主権者の範囲と連動し、それに対して人権は、主権の成立による個人の解放によってその論理的前提を獲得しながらも、主権に対して対抗的に主張される性格を持つ。

したがって、外国人の公務への就任を参政権の一環として主張するためには、伝統的な主権観念への修正を意識的におこなうことによって、憲法による禁止を解除する必要がある。主権論の母国であり、国家＝国民主権に特に執着を示してきたフランスでは、マーストリヒト条約に基づいてEU（ヨーロッパ連合）構成国相互間で外国人に地方参政権をあたえるために、憲法改正（一九九二年）を必要と考えた。立法政策により永住者等の外国人に地方選挙権を付与することが憲法上禁じられていない、としたさきの最高裁判決（一九九五・二・二八民集四九巻二号六三九頁）は、憲法解釈の場面で、伝統的な主権概念への修正を施したことを含意する。(12)

ところで、公務就任権を参政権の問題として位置づけるかぎり、それは、選挙権より被選挙権との類推で議論されるべき性質のものとなる。公務員を選定する権利が選挙権であるのに対し、自分自身が公務員の地位につくことが権利内容として問題になっているのだからである。しかし、選挙によってその地位につく公務員——これらは本章でいう第一類型の公務員に入る——を別として、それ以外の公務員すべてについてひとしなみに、それへの就任を参政権の問題としてとらえること自体、疑問とされなければならない。

本章でいう第二類型の公務員の多くは、公務員に関する諸法令によって、自分自身の政治的意思を公務に反映することを禁止されている（国家公務員法および人事院規則の実務上は、職務時間外に、職場の施設を利用することなく、職務と無関係におこなった行為についても、「政治的行為」の禁止がおよびすらしている〔最大判一九七四・一一・六刑集二八巻九号三九三頁〕）。そこでは、「公の意思の形成に参画」することは禁じられており、「公権力の行使」は、国民主権を前提にしてすでに「形成」された「公の意思」の忠実な執行にとどまらなければならないとされているはずである。

そのように考えれば、もうひとつのアプローチ、人権アプローチの意味が、浮上してくる。もともと、公務職への就職を希望し、また、公務所のなかで一定の管理職につくことを希望する人びとは、そのことによって、「公権力の行使あるいは公の意思の形成に参画」することを目的としているのだろうか。そういう場合がありえないとはいえないだろうが、圧倒的に多くは、自分のとりむすんでいる——あるいは、とりむすぼうとする——共同社会のなかで、よりよい自己実現の機会を求めている場合にあたるはずである。そのような場合には、彼あるいは彼女の要求は、ここでいう人権アプローチによってこそ主張されるにふさわしい。人権が問題となっている場面ではとりわけ、立法の不作為は、人権に有利な判断を立法権がしたうえでの立法裁量の行使として読みとられてよいはずである。そして、権力の制限を本質とする立憲主義の論理からいえば、人権に有利な立法裁量の法価値を否定する文脈で主権を援用することはできないはずである。

おわりに

主権論は、これまで、具体的論点での法的議論の場面では、意識的にとりあげられることがほとんどなかった。本章でとりあげた二つのことがらのうち、**三**の論述のなかでとりあげた下級審判決は、裁判所が正面から主権論に論及した数少ない例として、裁判実務と学説との対話の機縁をつくるものとなることが期待される※※。

(1)　団体のうち法人格を持つものとそうでないものの区別は、ここではさしあたって棚上げしておく。日本の判例では、例えば、「……名誉の保護（憲法一三条）と表現の自由（同二一条）」との「衝突」の「調整……について」「被害者が個人である場合と法人ないし権利能力のない社団、財団である場合によって特に差異を設けるべきものではない」（最判一九八七・四・二四民集四一巻三号四九〇頁）とされているところからも、そのような扱いは許されるであろう。法人に対する日本近代法の対処そのものの特質を問題にした示唆的論考として、最近の、村上淳一「会社の法人格―比較法史の一断章」『桐蔭法学』一巻一号一頁以下を参照。

(2)　典型的には、宮沢俊義『憲法Ⅱ・新版』（有斐閣、一九七六年）二四五頁。

(3)　典型的には、芦部信喜『憲法Ⅱ』（有斐閣、一九九三年）一六五頁。

(4)　岡田与好『経済的自由主義』（東京大学出版会、一九八七年）。一九六九年に公にされた「営業の自由と『独占』および『団結』」（東京大学社会科学研究所編『基本的人権』第五巻、東京大学出版会）以来、するどい「法律学批判」を提起しつづけている著者によるこの本は、「日本の法律学をはじめとして社会科学の諸分野にひろくかつ深く浸透している常識的定説」を「論争の相手」（まえがき）とする書物である。

(5)　Peter Häberle, Verband als Gegenstand demokratischer Verfassungslehre, *Zeitschrift für das Gesamte Handels-*

recht und Wirtschaftrecht, 145, 1981, S. 487 Anm. 66. ［彼の議論につき、なお、後出第14章を見よ。］

（6） a. a. O., S. 490.

（7） a. a. O., S. 503.

（8） Jörg-Detlef Kühne, Die französische Menschen-und Bürgerrechtserklärung im Rechtsvergleich mit den Vereinigten Staaten und Deutschland, *Jahrbuch des öffentlichen Rechts der Gegenwart*, Neue Folge. Band 39, 1990, S. 52. ［彼の議論につきより詳しくは、後出第14章を見よ。］

（9） 例えば、芦沢斉「法人の憲法上の権利」『憲法の基本判例』（有斐閣、一九九六年）一〇頁以下、浦部法穂「営業の自由」『ジュリスト』一〇八九号二五二頁、など。「果たして自然人ではない団体に政治過程へ影響を与える資格が存在すると言えるのか」という疑問を投げかけ、近年のドイツ企業献金をめぐる議論を検討したものとして、毛利透「民主主義の歪みとは何か（二）」『筑波法政』二一号七七頁以下［→同『民主政の規範理論』（勁草書房、二〇〇二年）二〇〇頁以下］。

（10） 蟻川恒正「思想の自由と団体紀律」『ジュリスト』一〇八九号一九九頁以下。

（11） 本文でのべたような、ルソー→一七八九年宣言の系譜での原意を持つ「市民」観念をいまどううけとめて今日的意義を託すかについて、フランスで「市民性」（citoyenneté）をめぐる論議がある。そのことにつき私の『近代国民国家の憲法構造』（東京大学出版会、一九九四年）第四章を参照。

（12） さしあたってそれは、憲法九三条の「住民」の解釈として提示され、国家＝国民主権論そのものには正面からふれずに、地方自治という憲法上の価値を基準とした議論というかたちをとることができる。その場合でもしかし、そのような地方自治の拡充を可能にするため自体に、伝統的な主権観念への自覚的な修正がおこなわれる必要がある。いうまでもなく、主権は、外に対する関係での独立と、内に対する最高という標識を獲得するまでになった近代国民国家を担い手として想定してきたからである。マーストリヒト条約（＝外）に対する関係で憲法改正をした第五共和制フランスは、同時に、内に対する関係では、地方分権政策をたしかにすすめると同時に、あえて、主権観念への象徴的なこだわりを示しつづけている。コルシカの自治に関する法律の文言中「コルシカ人民」という表現に対し、存在するのはフランス人民のみ、という見地から憲法院が違憲判決（一九九一年五月九日）を下し、また、一九九二年憲法改正によって「共和国の言語はフランス語である」という条項を新設（二条一項）する（その際しかも、意識的に、「フランス語は共和国の言語である」という定式化を、各地方の多言語主義を容認する余地をのこすからとして斥けた）、など。

※〔**一一九頁への補註**〕　針生誠吉教授の古稀を祝う論集のなかで、編者から与えられたテーマが、「日本の人権保障の到達点と今後の課題」というものであった。

※※〔**一三三頁への補註**〕　その後、控訴審では、「地方公務員の管理職の中には、公権力を行使せず、公の意思の形成に参画する蓋然性が少ない者もいるため、すべての管理職について国民主権の原理により外国人の任用を一切禁ずることは相当でない」として、外国人が就任し得る管理職への外国人の任用については憲法二二条一項、一四条一項の保障が及ぶ、という判断が示されている（東京高判一九九七・一一・二六高民五〇巻三号四五九頁）。

10 〃コオル（Corps）としての司法〃と立憲主義

［2000］

この稿は、二〇〇〇年五月一二日大阪市立大学で開催された「ミニ・シンポジウム〃現代司法の理念と司法改革〃」で私がした報告を、その草稿にもとづいて再現したものである。註はもっぱら、三〇分の限度内でした報告で説明不十分だった私の考えを理解してもらうためのものにとどめた。報告の原形そのままを掲載して頂くことにしたのは、研究論文とシンポジウムでの発題とのスタイルの違いを、私としては意味ある違いと考えているからである。

一　議論の前提

司法改革をめぐる議論は、いま、多岐にわたって進行中です。もっとも、憲法研究者のひとりということで、今日、本会の会員でない私への参加が求められているのですが、肝腎の憲法学の観点からすると最も重要な二つの論点、憲法七六条三項（裁判官の職権の独立）と八一条（違憲審査）については、正面からとりあげられているとはいえないようです。

そういう状況でありますから、いまの改革論議の中でとりあげられているあれこれの事柄ではなく、議論されていない事柄について、私の考えを率直に申し上げて、討論の材料にしていただきたく、以下の報告をすることとしました。考えを率直に、と言いましても、私自身の価値判断ではなく、問題の所在を整理して選択肢を示すその仕方においての私の「考え」、ということになります。proposer（提唱）、まして imposer（強く主張）するのでなく、もっぱら exposer（明らかにする）、というわけです。

まず、標題の意味です。「コオル」と言う言葉で、私は、端的に日本語で言えば「職業身分特権集団」を指します。と申しますと、早速、「よくない」という否定的文脈で受けとられそうですが、さしあたり、価値中立的にこの言葉を理解しておいてください。

さて、その「コオル」と立憲主義の関係ですが、私の、近代立憲主義のとらえ方からすれば、それは、近代立憲主義にとっての異物です。近代憲法の二つの鍵概念、主権と人権が成立するためには、主権の担い手としての国家が身分制秩序を解体して、人権主体としての個人をつくり出す必要があった、と理解するからです。近代の歴史過程としては、そのような意味で国家が個人をつくり出したのであり、それを正統化する論理としては、諸個人の意思にもとづいて国家をつくりあげるという、社会契約論という名のフィクションが、組み立てられました。

この二極構造モデルのもとで、一方の個人は、もろもろの身分制中間集団の拘束から解放され、それと同時にその保護からも放り出されて、いってみれば二重に自由（doppelfrei）な存在となりました。他方で国家は、権力を原則的にその一手に集中し、しかもここが重要な点ですが、国民主権という、唯一正統性を持つ統治原理を、自分だけ独占的に援用することができるようになりました。

このような構図[1]のなかで、コオルは、特権集団として残存するそのことによって権力を多元化し、自由の確保手段を提供するものとして、機能する可能性があります。その際、コオルがその内部で対等な構成員による集団という建前を維持できているかどうか——身分を共通にする集団なのですから、定義上そうでなければならないはずなのですが——、その点が決定的なちがいをもたらすでしょう。建前どおりでありえていれば、その程度に応じて多かれ少なかれ、外力に対する抵抗要素となりうるでしょう。その反対であれば——それはそもそも「コオル」の定義から外れることですが——、内にむかってその構成員を抑圧することになるでしょう。その際、自由にとって最悪の組み合わせとして、外力に対する自律というファサードにかくれて、実は、——場合によっては無意識のうちにであれ——、外力の下請け役を演ずる可能性もあるでしょう。

この構図による読みとり方は、いろんな場面に応用できます。誰でも気づくのは、大学自治の閉鎖性を批判する文脈でいま扱われている、大学改革をめぐる議論についてです。説明を要するでしょうが、行政改革について、行政官僚制の扱いをめぐる議論を、この観点から整理することも可能だと、私は考えています。それらはともかくとして、司法改革を、「コオルとしての司法」という、いわば覗きめがねから眺めてみよう、というのがこの報告です。このシンポジウムの企画の中心となって下さっている棚瀬孝雄さんの冒頭報告の主題が「司法改革とモダン・ポストモダン」となっているのに倣って言えば、「プレモダン」の要素にこだわって考えてみよう、というわけです。

二　現状認識

「改革」の対象となっている現状についての、私の認識から申し上げる必要があります。

司法権の独立（と裁判官の独立）

日本国憲法は、司法権の独立を、他権力からの独立として徹底させました。解釈の余地ある憲法八〇条一項も、その運用を見ますと、裁判官の選任・再任（および再任しないことによる実質的な解任）を、司法権内部で完結的におこなわせるものとして、機能しています。アメリカ合衆国の司法について、判例の拘束は実質上それほど強くない、なぜなら最上級審の最高裁判所は、下級裁判所の裁判官を hire も fire もできないからだ、という指摘がありますが(2)、それとは正反対の状況が、そのようにして生じています。最高裁裁判官の人事についても、長官のそれを含めて、アメリカ合衆国でそれが大統領の最大の政治的仕事のひとつとして意識されているのとは、これまた対照的といってよいでしょう。こういった見方、日本の裁判官人事の非・政治性という認識は、あまり一般的ではないかもしれませんが、私は、この点は強調されていいと考えています(3)。他方で、そのような司法権の内部で、裁判官がそれぞれその職権を独立して行使する（憲法七六条三項）のに障害になる要素が目につくことは、多くの人々が指摘しているとおりです。

弁護士自治（と弁護士活動の自由）

弁護士自治の方は、どうでしょうか。戦後改革でこの点が大きく変わったこと、そして、それを支えるべき理念として、弁護士法一条が、「基本的人権を擁護し、社会正義を実現する」という弁護士の「使命」を掲げていることは、よく知られているはずです。そのような理念を掲げた、コオルとしての弁護士層の自治という建前が、弁護士相互間での、あるいは一人の弁護士、彼自身のなかでの、「人権感覚」と「ビジネス感覚」のあいだの緊張という現実を、包みこんできたのです。

外にむけての弁護士会の自治と、個々の弁護士会の活動との関係については、司法権の独立と個々の裁判官の職権の独立の間の関係について生ずる問題との類推を考える必要は、小さいでしょう。両者の間には、公権力の行使とそうでない活動という、決定的な違いがあるからです。

司法権と弁護士会の関係――ゆるやかな分離

司法権と弁護士会の関係については、特に、見方が分かれるでしょう。私は、その関係を、「ゆるやかな分離」という言葉で、表現します。「分離」というのは、司法権が職業裁判官制度をとっているからです。「ゆるやか」というのは、法曹三者に共通の司法試験と修習制度があり、そしてまた、最高裁・法務省・日弁連の三者の間での、建前として対等な意見の表明・交換という運用がおこなわれてきたからです。

三　「改革」の論理

「国民主権」と「市場原理」

さて、以上のような現状認識を持つ者にとって、いま議論されている「改革」の論理は何を意味し、何をその効果としてもたらすことが予測されるでしょうか。

司法権と弁護士会という二つのコオル、この二つをゆるくつないでいるという意味で法曹というコオルに対して、改革要求が向けられています。特に、司法権に対しては「官僚司法から国民に開かれた司法へ」、具体的には法曹一元の実現であり、弁護士に対しては「競争原理によるサーヴィスの向上」です。「使い勝手のよい司法」という注文は、いまのところ、裁判所へというより、主として弁護士に向けられているようです。

これらの改革要求が援用する正統性原理は、つまるところ、「国民主権」と「市場原理」という二つに帰着しています。

改革主張者たちが主観的にも意識しているのは、司法権に対しては「国民主権」であり、弁護士に対しては「市場原理」です。この両者それぞれに、自分に明示的に向けられた論拠に対応を迫られていますが、私の見るところ、その対応は、それぞれ受身に廻り、弁明的なものに終始しているようです。

弁護士にとっての「市場原理」

弁護士側から「市場原理」に面と向かって反撃することのやりにくさは、「競争を制限してあぐらをかきつづけるのか」という非難に身をさらすむずかしさから来ています。良心的な意識を持つ人ほど、それはやりにくいでしょう。しかし、「基本的人権の擁護と社会正義の実現」という「使命」は、市場原理を強調することによって達成される価値でない、ということは、公言すべきではないでしょうか。

とりわけ、法曹のうち実際上は弁護士人口に限っての大幅な増加は、むしろ、さきにのべた司法権と弁護士会の間の「ゆるやかな分離」の「ゆるやか」という形容詞をなくす方向にゆく可能性が大きいでしょう。そこで実現される法曹一元制は、二つの法曹世界の一元化ではあっても、その一元化を、階層序列によって――それは、コオル内部の対等性の反対を向く方向です――実現する、という効果を持つでしょう。そういう見とおしについての、冷静な測定と評価が必要なのではないでしょうか。

司法権にとっての「国民主権」

他方で、司法権が「国民主権」[4]に異を唱えることも、やりにくいでしょう。一九七〇年前後から今まで、――石田コートほど極端ではないにしても――「裁判を受ける人に受け入れられる裁判官」「社会通念に沿った裁判」「国民意思を表現する国会の立法裁量の尊重」を言いつつ、司法部内を統制してきたのですから。そういう流れの中で、ここへ来て、専門家集団としての職業裁判官制度の持ちうべき――持ちうべきはずだった――長所をにわかに説いても、前後一貫しないうらみがありましょう。

しかし、近代化のはじまり以来、大陸法系の法・裁判制度を前提としてやってきた民刑事裁判の長期にわたる実績をあらためて自己評価し、あわせて、行政訴訟や違憲審査の活性化を従来の制度上の枠組の内部でどう実現してゆくかという改革構想を、戦後司法の出発期に立ちかえって提示する努力を、試みなくてよいのでしょうか。そういう努力をはじめから放棄しなければならないほど、「国民主権」は万能なのでしょうか。

「国民主権」と「市場原理」の関係

ところで、「国民主権」は司法権にだけ、「市場原理」は弁護士にだけ、それぞれつきつけられているのでしょうか。そもそも、「国民主権」と「市場原理」は、ここでの文脈の中で、別ものなのでしょうか。

国民主権の政治過程についての議論の際に援用されることのある、思想の自由市場というメタファーには、一応、というより以上の意味があるのではないでしょうか。国民主権→民主制の統治過程は、思想の自由市場という比喩を、自分の正統化のための説得の有力な手段としてきました。それと同様の、しかし反対むきのことが、ここではあてはまりそうです。市場原理の側からしますと、それ自体のナマの形では法の世界での正統性を主張しがたいだけに、「国民もそれを求めている」――「消費者主権」という言いまわしは、この間の事情を、期せずして意識させてくれます――という説明は、効果的なのです。但し、グロバリゼーション進行下の今、「国民主権」といっても古典的な国家主権と一体となったものではないし、「市場原理」といってもその「市場」は、超大国の圧倒的な国家主権を背景としそれに支えられている、という限定をおいての話ですが。

それはともかく、「国民主権」と「市場原理」という、さしあたっては二つの項目に即して語ることにして、「市場原理」による効率の要求は弁護士活動だけでなく、裁判自体にも向けられるでしょう。他方で、「国民主権」の旗印は、日弁連はじめ弁護士会の意思形成にも向けられるでしょう。

この最後の点は、特に重要です。夫婦別姓や外国人処遇、少年法改正や死刑の存廃、さらには有事法制から憲法改正などの論点について、世論調査によって表明されるような民意に場合によっては対抗的な文脈で問題になりうるような、専門家コオルとしての意見表明を、困難にする可能性があるからです。

四　対応の選択

それでは、のべてきたような現状に対し、のべてきたように整理される「改革」の論理が提示されているとき、どういう対応の選択肢があるでしょうか。

「改革」の論理を本気でつらぬく方向――コオル性の解体

第一は、司法権と弁護士集団の両方につき、そのような「改革」の論理を本気でつらぬくことによって、コオル性を解体する方向です。その場合はとりわけ、司法行政の自己完結性をうちやぶることが、改革の核心部分として意識される必要があります。すなわち、憲法八〇条を、反・コオルの内容をもつよう再解釈することが、中心になります。

一〇年ごとの下級裁判所裁判官の任期を文字通りに任期として解釈すると同時に、最高裁判所の作成した名簿――名簿の作成それ自体について、「国民主権」と「市場原理」に即した方式が工夫されるべきです――について内閣が実質判断を加えた上で決定し、そのことについて国民が国会を通じて内閣の責任を問うことができるような、八〇条解釈がそれです。そのためには当然の前提として、徹底した法曹一元が制度化されていなければなりません。

いまの「改革」を拒否すること――コオル性の擁護

第二は、両方のコオルにつき、そのコオル性を擁護するために、いまの「改革」を拒否することです。その際は、コオルの定義どおり、それぞれの内部が対等の同僚による集団として構成されるための保証を確保する改革努力が、肝要となります。職業裁判官制度を前提としたうえで最高裁事務総局サイドが「裁判所法逐条解釈」として司法行政につきのべていた認識、「…裁判官の独立は、制度としての裁判所のみならず、あくまでも現実に裁判権を行使する各裁判官の独立を意味する。この意味から、裁判官は、あくまでその権限と地位において同等であることが望ましい」、としていた認識にたち返る、[5] という所からはじめるべきでしょう。

二重基準によるコオル性への対処

第三は、コオル性への対処について、ダブル・スタンダードを適用するという選択です。一方は公権力であるのに対し、他方は、社会的権力としての性格を濃くする可能性はあるにしても、権力性の点で司法権と対等にはほど遠いのが、いまの日本の状態でしょう。そうだとすれば、司法権についてコオル性を弱め、弁護士集団につきその反対方向を選ぶ、という想定をすること自体は、必ずしも悪しき意味での二重基準ではないでしょう。

しかし、そうした想定を実現可能と考えることが合理性を持つかどうかは、別問題です。現在のところ実現可能性が高いのは、ちょうど逆の組み合わせのダブル・スタンダードの適用ではないのか、と見るほうが現状に即していると思われるからです。

というのは、こうです。一方で、弁護士集団のコオル性を「市場原理」と「国民主権」によって弱めることの問題性に、弁護士集団自身、それほど鋭敏には反応していません。既得権に固執する悪役のイメージを避けたいという消極的な側面でだけではなく、つまり、主権の担い手に擬された消費者としての国民との関連で争いにくい、というだけではないようです。それだけではなく、主権者そのものである国民に対して「開かれて」いなければならないという、それ自体として積極的な姿勢自体が、コオル性を弱めることの問題性への敏感さを妨げているようです。みずからのコオル性を擁護することを通して弁護士法一条の理念に仕える、という選択が、そのようにして、見えにくくなっているのです。

それに対して他方で、司法権当局は、「市場原理」と「国民主権」という二つの論理に譲歩の姿勢は示しながらも、自分自身のコオル性を弱めることに積極的に同意する様子を見せてはいません。この点では、司法権全体としてのコオル性が、日本国憲法自身――少なくとも、その有力な読み方――に基礎を置いている、という強みがあります（くり返しますと、憲法は、そのコオルの内部でのそれぞれの裁判官の職権の独立を明示することによって、それに対応する司法行政上の地位をも示唆しているはずなのに、現実はそうなっていない、という問題があるのですが、それは別として）。

おわりに

ここであらためて、「国民主権」と「市場原理」という、「改革」の論理の持つ一般的射程を問題にして、終りといたします。

ここ二〇年ほど、「市場原理」、それも、規制排除と結びついた競争の観念――アメリカ合衆国での状況とちがって、独占規制と連結された競争でなく、したがって、当面の競争の結果としての独占＝無競争状態をもたらすような競争という観念――が、憲法上の正統性を弁証の必要とされることのないまま、受け入れられてきました。「国民主権」の方についていえば、ここ数年来、立法や裁判例のなかで、ひとつの鍵概念としての役割をひきうけるようになってきています。情報公開法一条、内閣法一条、東京地裁一九九六・一一・二六判決（なお、この判決は東京高裁一九九七・一一・二六で斥けられた）[6]などがそうです。

そういうなかにあって、これら「改革」の論理に対抗する憲法上の正統性を備える二つの制度が司法権（憲法七六条）と大学（二三条）であり、直接の憲法上の根拠はないにしても、関連するのが、弁護士自治です。それらが「改革」の俎上にのぼっているのは、偶然ではありません。二つの「改革」の論理に対する対抗的地位を占めるコオルの意義を、どう測定・評価するのか。それが選択の分かれ目であることを承知した上での、意識的な選択が求められている、というのが私の申し上げたいことです。

（1） 樋口陽一『憲法Ⅰ』（青林書院、一九九八年）二八―三二頁。
（2） 樋口陽一・栗城壽夫『憲法と裁判』（法律文化社、一九八八年）一〇〇―一〇二頁。

（3） 樋口陽一『憲法Ⅰ』五四四頁。
（4） 樋口陽一『比較のなかの日本国憲法』（岩波書店、一九七九年）一六六―一六八、一七八―一八三頁。
（5） 前出註（4）、一五六頁。
（6） 本書9章一二七頁以下。

Ⅳ　「戦後」から「普遍」への視点

11　比較憲法類型論の今後

［1996］

一　日本近代にとっての「比較」

その快著『再読日本近代文学』（集英社、一九九五年）の冒頭で、中村真一郎氏は、つぎのように指摘する。——

「日本の近代作家の特徴は、各文学世代が先進ヨーロッパ各国の最新の文学を読むことで自己形成をとげたので、前の世代の仕事とはそれぞれ断絶している点にある。これは遣唐使の時代以来、常にわが国の文学が、先進中国のその時代その時代の風潮の影響によって、変遷して来たのの近代版というべきである。

従って、わが国の——話を近代に限っても、——文学の歴史を通観するには、縦の関係よりも横の関係、つまり同時代の西洋文学との因果関係の方が重要だということになる……。

こうなると、わが近代文学の解読のためには、文学史の方法よりも比較文学の方法が、より有効だということになる。」（一八—一九頁）

この引用につづけて、中村氏は、「しかし、この比較文学の方法も、科学的厳密を期して、バルダンスペルジェの学問的手続きに従うことになると、案外、その成果は貧弱である」として、個々の作品のなかにそれぞれ対応する作家の影を「実証的に発見しようとすると、滑稽なことになる。……外国の作家の影響を考えるには、……科学的比較文学の方法を超えた、直観的であると同時に経験的な、見識による、一種の連想方式が要求される」(二九―二〇頁)という、注目すべき提唱をしている(傍点は原文)。

この提唱に示唆を得て、日本近代の――話を戦後五〇年に限っても――比較憲法理論・思想を構想することは、おおいにチャレンジングな知的仕事であろう。憲法学の領域で「比較憲法論」は、憲法の比較論であると同時に――しばしばそれ以上に――、憲法学の比較であってみれば、尚更のことそうである。

しかし、ここでそれにとりかかろうという訳ではない。ここで右の引用をしたのは、とりあえず、日本の憲法学の大勢が、先行世代の仕事との対論を通してよりは、それぞれの時点での欧米の理論・思想のうけ入れに忙しかった、という特徴を、『再読日本近代文学』の著者と同じようにとり出すためである。

もっとも、戦前についていえば、「一国ノ憲法ハ一国固有ノ団体、政体ノ大法ナルカ故ニ、一国独立ノ解釈アルヘシ……。此ノ見地ヨリシテ一切外国ノ事例及学説ニ拘泥セサルヲ主義トス」(穂積八束『憲法提要』一九一〇年)という初期正統学派から、「濫リニ外国ノ事例ヲ援イテ」「神聖ナル我国体ニ悖」るものとして天皇機関説を弾劾した「国体明徴」に関する政府声明(一九三五年)にいたるまでの、一国主義的抑圧に言及しておかなければならない。しかし、それにしても、憲法学プロパーの世界では、たとえばイエリネック、ケルゼン、そして、それに対抗すべきものとしてシュミット、ケルロイターというふうに、「各国の最新」の著者が援用されてきたのであった。そして、戦後についていえば、戦前の立憲主義憲法学の最良の部分ですらも、その内側から、戦後デモクラシーの道標となるべき構想をつくり出すことができなかっただけに、憲法学がやはり、「各国の最新」の議論に目をむけることとなるのは自然であった。(1)

こうして、一般的な傾向として、つぎのようなありようとなった。

第一に、日本で引照する欧米の仕事にかの地でそれぞれ先行していた仕事にまで遡ることの少ないままで、いわば横に輪切りにしたそれぞれの「各国の最新」の議論に関心がその都度うつされるということ。

第二に、日本で欧米の仕事を受けとめた――あるいは、受けとめそこなった――それぞれの受けとめ方をあらためて吟味する、ということが少なかったということ。(2)

二 比較の方法

「比較憲法論」と「外国憲法論」をひとまず区別する言葉づかいからすれば、多くの仕事は、それぞれの外国法・法学の研究だということになり、それらについては、この本でも、国別にとりあげられている。※ただ、ひとつの外国を対象とする研究だとしても、日本の研究者が――とりわけ日本語で――公表する仕事は、自覚的であれ、非自覚的であれ、すでに、日本の憲法・憲法学の状況という比較の尺度を含んでいる。その意味では、それらを含めて「比較憲法論」という言葉を使うことも、不正確ではないだろう。

そのような筆者の認識をあらかじめことわったうえで、しかし、ここでは、厖大なものとなる「比較憲法論の五〇年」の実作の海のなかに没入するかわりに、比較の方法という問題にしぼって、考察をすることにしたい。

私法の領域で比較が問題となるときに、だれでも連想するのは、法系論ないし法圏論という類型論であろう。大陸法系と英米法系という、西欧近代法の二大類型を対置し、そのうえでしかし、違った法技術が類似の社会統制の役割を演じていることを、法の動態観察を通して明らかにする（law in action）、というアプローチは、比較法の典型的手法だといえよう[3]。社会主義法、イスラム法などの類型化をとり入れた、より包括的な法系・法圏論が説かれる場合を含めて、そこには、多かれ少なかれ、背景となる事実があった。法生活の相互交渉――大陸法系と英米法系との間ではいうまでもないが、それ以外を含めてでもやはり一定程度――という事実がそれであり、分野によっては、法統一の志向がかなりの度合で見られる場合もあった。

憲法の場合、状況は同じでなかった。個別の分野でいえば、たとえば、議院内閣制のイギリス型とフランス型[4]、司法裁判国家と行政裁判国家[5]、違憲審査制の大陸型とアメリカ型[6]、等々の類型化を使っての、比較考察の成果がある。それはそれとして、憲法の領域でのグローバルな比較類型論は、法系・法圏論というかたちではなくて、法の外にある歴史環境を基準とするものだった、というのが特徴的である。横軸でいうと資本主義社会と社会主義社会、縦軸でいうと中世封建制社会と近代資本主義社会、近代史の内部での近・現代の再区分、というふうにである。そこではむしろ、類似の法技術が違った歴史的役割を担うものだという側面に、注意がむけられることとなる。身分制議会と近代国民議会とソヴィエト評議会、身分的権利と人権と社会主義下の基本権などの、むしろ断絶の側面である。

このような、社会の歴史類型に着眼して比較憲法の類型論を構想するゆき方は、ひとつの特徴を持っていた。それは、歴史の動因として、経済の規定力を重視するという特徴である。鈴木安蔵『比較憲法史』（勁草書房、一九五一年。その最初の版は三笠書房、一九三六年）、黒田了一『比較憲法論序説』（有斐閣、一九六四年）、影山日出彌『現代憲法学の理論』（日本評論社、一九六七年）、長谷川正安『憲法学の基礎』（日本評論社、一九七四年)から、吉田善明『現代比較憲法論』(敬文堂、一九八六年)、杉原泰雄『憲法Ⅰ・憲法総論』(有斐閣、一九八七年)にいたるまでが、そうであり、私自身も、「社会経済的構造」として生産力の量的発展水準を直接の尺度とする類型論と、生産関係という質的要素をより重視する類型論とを突き合わせて検討しながら、基本的に後者の立場に立つ類型論を提示した。(7)

あらゆる方法論上の提言は、何よりも、それに先行して支配的であった何ものかに対し、それを修正・克服しようとする論争的文脈で意味を持つもののはずである。この場合、先行していた標的は、いわば超歴史的な立憲主義発展史であった。すなわち、中世のマグナ・カルタと身分制議会――さらには、古代都市のアゴラの集会――にまで無媒介にさかのぼって、近代の人権や議会制の系譜を説明しようとする見方である。このような見方に対して、理念史だけでなく、現実のそれぞれの歴史社会の構造と関連づけての意味理解の意義を強調すること、そのために、規定要因としての経済の重要性に着目することは、たしかに必要だったはずである。

歴史社会の類型論に依拠する比較憲法類型論は、しかし、ことの性質上、学界全体のなかでいえば局所的な関心の対象にとどまってきた。(8) ことの性質上、というのは、第一に、実定法学の日常作業は、所与の実定法を前提としておこなわれるものであって、それ自体の歴史的位置づけを問うという観点にはなじみにくいからである。くわえて第二に、「人類普遍の原理」(日本国憲法前文)の実定化として自己定義している実定法が対象であるときには、なおさらであった。

そのことはそれとして、学界にとって局所的とはいえ、社会経済的構造を基準とする比較憲法の類型論が一定の関心対象となったのは、社会主義憲法との対照――ひとによっては、それへの移行――という問題意識が、西側立憲主義憲法の研究者にとっても共有されていたからであった。そして、あえてそのような問題に関心をよせようという研究者にとっては、単純にコミュニズムとナチズムを「左右の独裁」として一括する類型論では満足できなかった。そのような見地からすると、「左右の独裁」の排除を掲げた西側立憲主義憲法が、そのままごと肯定的にとらえられることとなり、その歴史的性格を問うという場面がひらけてこないからである。

ところが、一九八九―九一年の旧・社会主義諸国での大変動によって、社会主義体制――少なくとも、西欧思想の系としての社会主義を援用するそれ――は、少なくともいったん、歴史上の過去となった。こうして、資本主義・社会主義という軸を基準とする歴史類型論は、文字どおりの憲法史分析の道具としての効用は別として、比較憲法の場面でのアクチュアリティを失った。

そういう事態を前にして、さしあたって二つの対応が分かれる。一方では、そこに「歴史の終わり」を見てとり、資本主義――最近の用語でいえば「市場経済」――と立憲主義の組合せを最終的なものとしてうけとる立場がある（＝α）。そこでは、西側立憲主義の現段階をなんらかの類型論でとらえること自体、必要ないことになろう。類型論とは、対象を相対化することにほかならないからである。それに対し他方では、資本主義という社会経済構造と切り離して、立憲主義を別の仕方で基礎づけようとする立場がある（＝β）。もうひとつさらに、資本主義であれ社会主義であれ、それらを生み出した〝近代〟そのものをあらためて疑問に付そうとする立場は、つまるところ立憲主義それ自体の普遍性を疑うこととなる（＝γ）。

三　経済・国家・立憲主義の連関

ところで、経済を規定要因として重視する類型論といっても、憲法学が権力を問題とする学問であるかぎり、経済と（憲）法という二つの項目を媒介するものとして、国家という項目が問題とならざるをえない。そして実際、自由放任型の近代資本主義↓消極国家↓古典的な近代立憲主義という連関を想定し、その前後の時期に、初期近代と現代の積極国家を考える、という図式が、ほぼ共通の了解とされてきたのであった[9]。

国家という項目を意識的に正面からくみこんだ歴史的類型論を構想しようとするとき、国際政治をとらえる座標軸の問題として、坂本義和氏が、近代の歴史的動因として、資本主義（C）・国民国家※※（N）・民主主義（D）の三者の連関の定式化を提唱している[10]のが、示唆を与える。そこでのC・N・Dはそれぞれ、社会主義（S）・国際主義（I）・権威主義（A）の項目に対比される。この座標軸に沿っていえば、C・N・Dの組合せが古典的な近代民主主義国家だとすれば、C・N・Aが後発近代国家としてのドイツ、日本であり、社会主義国家は、S・I・Dの組合せを標榜しながら、実はS・N・Aの体制となっていた、ということになろう。

さて、C・N・DのうちまずCについていえば、今なおわれわれは、戦後出発期の日本社会科学の遺産を積極的に継承することができるはずである。そこでは、「デモクラシーの基本的原理――各個人の法的平等」、「近代デモクラシーの政治的・社会的諸関係の原理としての基本的人権」（高橋幸八郎）のための変革を実現するという課題が強烈に意識されていた[11]。そうだったからこそ、人間の歴史とともに古い金儲け根性とか、その時点その時点で所有した富の大きさによって「資本主義」を定義する見方が、はっきりと否定されたのであった。「ノアの大洪水以前の資本主義」（マルクス）や Pariakapitalismus（ウェーバー）から峻別されるべき、近代資本主義の意味が強調されたのであった。実際、そのような見地からこそ、農地改革や財閥解体のなかに、反「資本主義」性をではなく、反対に、ここでいうC・N・D連関のなかでの近代資本主義の整備こそを見てとることが可能になる。

そういった観点からするならば、旧ソ連・東欧圏での「資本主義化」――「Marx から Mark へ」「粗暴な資本主義 capitalisme sauvage」――は、それ自体としてはまだ、ここでいうC・N・D連関の一環としてのCと見ることはできない。それが、ここでいうCに転化する可能性があるか、それともかえって本来のCへの展開の足をひっぱるものとなるかが、問題となる。

Nについてはどうか。ここでも、いまいたるところで噴出している民族やエスニシティの自己主張は、C・N・D連関のNとは、むしろ対抗的にとらえられるべきものではないか。「国民国家」(Nation State) というときの Nation は、自然の所与としての民族ないしエスニシティ (＝Blut und Boden!) ではなくて、直接の帰属集団からいったん解放された諸個人が、相互にとりむすぶ契約というフィクション (＝社会契約論) を借りてつくりあげる、人為的な所産としての国民だったはずである。だからこそ、そのような国民国家形成のためには、まさしく nation *building* の強力な過程が――マージナルなものとされたエスニシティの言語や文化への抑圧をも伴いながら――必要だったのであった。

最後にDについていえば、「民主主義」(＝D) は権威主義 (＝A) の対立概念であると同時に、実際には、しばしばAの正統化にも仕えてきた。そして、Dを語源どおりにデモスの支配としてとらえる限り――その限り、であるが――、論理的にも、DはAをも正統化する。権威主義に対抗するものとしては、権力への制限を本質とする、立憲主義という観念が選択されるべきであり、今日の立憲主義の核心は、人権という観念にほかならない[12]。ここでもふたたび、戦後社会経済史学の課題として意識されていた「デモクラシー」が、まさしくそのようなものであったことを、想起しておきたい。そこでは、「デモクラシー」が、多少とも超歴史的に見出すことの可能な、合議体による決定とか、権力への参加とか、権力に対して保護された既得権的利益の保障とか一般をさすものではなく、前述の引用のように、解放された諸個人の人権を根幹とした政治的・社会的諸関係の原理としてとらえられていたのだったからである。C・N・Dそれぞれについて、右のように補足した了解をつけ加える意味で、ここでは、C′・N′・D′と表記しておくことにしたい。

ところで、C′であれN′であれ、そして肝腎のD′であれ、ウェーバーのいう意味での理念型(Idealtypus)である。類概念(Gattungsbegriff)ではないのだから、それらに対応する歴史上の実在が世界史のなかでごく例外的なものにすぎないではないか、という批判はあたらない。また、特定の文明の型を勝手に理想化するものではないか、という批判にも、理念型は理想型ではなく、記述の道具なのだ(ウェーバーとともにいえば、「娼婦の理念型もある」)、とひとまず答えることができるし、またそうすべきであろう。

しかし、比較憲法学にとって、その答えで終わりにするわけにはゆかない。おそらく、たとえば比較文学とのちがいが、そこにある。法学が学問であろうとするかぎり、一方では、その対象をつきはなして相対化し、規範をも存在(Sein)としてあつかう記述的態度を保たなければならない。しかしまた同時に、法学は、伝統的に、みずからあるべき(Sollen)ところのものをさし示すという役割を託されてきた。歴史的にはむしろ、もっぱらそれが法学の役割とされてきた(たとえば、デュギは、法による国家権力の制約という課題にとって無力な法学や法実務なら、それは「一分間の努力にも値しない」と言った)。

そのような見地からすると、D′=近代立憲主義=人権を「人類普遍の原理」(日本国憲法前文)としておしひろげてゆくという課題、そのためにC′とN′を追体験することが必要なのかどうかという課題は、(比較憲)法学の内側に位置づけられるべき学問上の問題関心だということになるはずである。[13]

一九七〇年代に「経済的・社会的環境」を基準にとりいれた比較憲法学の類型論を提示したデュヴェルジェにとっては、ここでいうSがDを基礎づけることが遂に出来ないのかどうか、が何より問題であった。ここでの記号化に即していえばCとS、DとAを交錯させて得られる四つの座標面のうち、C′→D′、C→A、S→Aの三種類に対応するものは実在するが、S→D′の類型はまだ実現していない、ということこそが、彼にとって問題であった。彼はいう――「世界じゅうの多くの男女が、いつの日かそれが機能することをのぞんでいる。それと反対に、地球を支配する二つの大国――アメリカとソ連――は、どちらも、その登場をおさえようとしている。ひとつの社会主義独裁が社会主義であることを放棄することなしにデモクラシーにむかって進もうとしたとき、ソ連軍が、その実験に無慈悲にとどめを刺した（プラハ、一九六八年）。ひとつの資本主義型デモクラシーが、デモクラシーであることを放棄することなしに社会主義にむかって進もうとしたとき、アメリカの機関が、そのファシスト軍人たちを助けてこの実験を血の海に溺れさせた（サンチアゴ、一九七三年）[14]」。

いま、問題はどういうかたちで提起されているか。ここでわれわれは、さきに見た、社会主義体制解体のあとに見られるいくつかの立場に再会する。

四　いまの問題

まず、D′＝立憲主義・人権の普遍性そのものを争う立場がある（＝前述γ）。D′も文化のひとつの型でしかないことは、たとえば比較人類学の観点からは肯定されるだろう。近代批判のひとつの典型的な仕方として、それはむしろ今日の流行ですらある。しかしここで、比較憲法学の観点からするならば、憲法＝

立憲主義を前提としない議論は、カッコの中に入れておくことができるだろう。この点に関連して、注意しておくべきことがある。D′の普遍性を争う外観を示すものであっても、D′に対応する西欧近代諸国がその理念に沿っていない、として虚偽性を告発するかぎりでは、どんなに激越な批判をするにしても、D′そのものを否定しているのではない、ということである。

つぎに、D′を実現するためにN′を媒介することは必要でなく、それどころかN′はD′にとって障害になると考え、ⅠこそがD′の条件になる、とする立場がある。国家主権への固執がD′を抑圧している支配権力によって恰好の名分として援用され、それに対する関係で、D′のためにする干渉は権利であるどころか義務ですらある（「国境なき医師団」の創設者のひとりBernard Kouchenerのいう「人権のための干渉の義務」）、という主張が説得力を持つ場面に、たしかにわれわれは数多く当面している。しかしその反面、国家の外側でも内側でも、諸個人の解放を妨げている社会的諸権力（多国籍企業からさまざまの中間集団を経てエスニシティ集団主義にいたるまで）が「新しい封建制」とよばれるような事態をつくりあげている現在、N′による「封建制」の打破という経過点を経ることなしに、D′の条件を確保できるか、が問題である。歴史的に国家がひきうけてきた役割――身分的拘束と宗教の束縛と金力の支配とから個人を相対的にもせよ解放するための役割――がいま無用になったといえるのか、が問題である。

そして最後に、C′ぬきでD′を基礎づけることはできないか（＝前出βの立場）。ここでも、Sの崩壊をうけて、市場経済（「資本主義」と同じく、この言葉についても、闇市経済なのか公正な自由競争経済なのかが明確にされなければならず、C′は後者を意味するものでなければならない）・人権・民主主義の三位一体（＝前出αの立場）が安易に説かれている今日、この設問の批判的意義はそれとして重要である。そしてこの設問への肯定的な答えをとり出す論者が引照するのは、つまるところ中世立憲主義の伝統であり、あるいは、さらにさかのぼって、古典古代の「市民」像である。ヨーロッパ精神世界のように、想起すべき伝統としてそれらのものの実在感があるところで、この論法は、D′を基礎づける思想的支えとして、多かれ少なかれ有効性を持つだろう。[15] その伝統は、個人の解放＝狭義の「人」権を直接に基礎づけるものではないにしても、少なくとも、権力への制限、あるいは権力への参加という限りでの立憲主義を支えるものとなりうるからである。ヨーロッパ以外の、この地球上の広大な領域ではどうだろうか。法人類学の研究をふまえて文化相対主義に理解を示しつつも「人類普遍の価値」として人権を位置づける千葉正士氏は、「人権の概念ないし観念にただ一種ではなく大別二種を認め、両者が文化的には異なるところがあるとしても同時に調和して共存する可能性」を探ろうとし、「人権概念には、核心を占める普遍的部分とその周辺に可変的な特殊的部分がある」として、「人権の媒介変数」という概念を提唱する。[16] この論者も指摘するのを忘れていないように、その場合、援用される「伝統」は、同時に、個人の解放を抑止するものとしてはたらくことによって、最広義にとらえられた人間の尊厳──それが、ここでいう「核心を占める普遍的部分」であろう──をもおびやかす可能性を持つのであって、そこでは、実はきわどい綱引きが演ぜられることになるのである。

（1）このことにつき、前出第6章でとりあげておいた。憲法問題調査委員会（いわゆる松本委員会）の「補助員」をつとめていた佐藤功氏がのちにふりかえっていうように、『国民主権』とか、『基本的人権』とか、『法の支配』とか」「書物では知っていた……それらの言葉が……他ならぬ日本の憲法に書き込まれるようになろうということは、不覚にも、私は思ってもおりませんでした」（「私と憲法と憲法学」『東海法学』九号、二三頁）というような事態であった以上、「それらの言葉」を論ずる憲法学にとって、比較憲法学は必然的であった。

（2）例外がないわけではなく、特に方法論的関心のつよい純粋法学とマルクス主義について、そのことがいえる。前者については、日本でのケルゼン理論の受容の仕方を批判的に問題にする議論があった（他にさきがけた指摘として、鵜飼信成「ウィーン学派」『講座日本近代法発達史』第七巻〔勁草書房、一九五九年〕）。後者については、〔初出〕本書※の「社会主義憲法の50年」（大江泰一郎）の章を見よ。

(3) 参照、望月礼二郎「外国法研究における機能的方法」『法律時報』三八巻一二号。ちなみに、同じ号に掲載された稲本洋之助「資本主義法の歴史的分析に関する覚書」は、本文で後述する、歴史環境の類型化を基礎にした比較方法を扱う。これら、機能的アプローチと歴史的アプローチは、もとより、相互排斥的な関係ではなく、相互補足的な関係にある。

(4) 宮沢俊義「議院内閣制のイギリス型とフランス型——比較法的考察」（初出一九四九年、『憲法と政治制度』〔岩波書店、一九六八年〕所収）。

(5) すべての概説書・教科書類がふれるところといってよい。

(6) 「大陸型違憲審査制」に着目して書かれた最初のモノグラフィーとして、和田英夫『大陸型違憲審査制』（有斐閣、一九七九年、増補版一九九四年）。

(7) 『比較憲法』（青林書院、一九七七年、第二版一九八四年、全訂第三版一九九二年）で、とりわけモーリス・デュヴェルジェの議論を引照しながら、私の考えをのべた。

(8) この点で、学制上、直接の対象とされる実定法を、歴史と比較法の座標のなかで相対化して扱うことが求められてきたフランスで、概説書ないし教科書が、なんらかの仕方で比較憲法の歴史的類型学を前提にしないでは成立しない、という事情があるのと対照的である。

(9) 消極国家・積極国家という、歴史段階的な次元での類型化とは別に、私自身、集権的国家（＝主権の担い手）と個人（＝人権主体）との二極構造から成るルソー＝一般意思モデルと、地域的分権や、個人と国家の間に介在する自発的結社の役割を重複するトクヴィル＝多元主義モデルとの対置を提唱し、批判的言及の対象とされることによって、いくつかの有益とおもわれる議論をひき出す機縁となった（参照、『近代国民国家の憲法構造』〔東京大学出版会、一九九四年〕第二章）。

(10) 坂本義和「世界秩序の構造変動」（同編『世界政治の構造変動・1』〔岩波書店、一九九四年〕）七頁以下。

(11)　デモクラシー論と戦後日本の比較経済史学との密接な関連について、高橋幸八郎の著書 *Du féodalisme au capitalisme, problème de la transition*, 1982 によせた私の書評として、私の『何を読みとるか』(東京大学出版会、一九九二年）一五二頁以下（一九八四年初出)。

(12)「今日の」立憲主義、という言い方をするのは、つぎの事情があるからである。「立憲主義」という用語でまず人びとが連想してきた一九世紀ドイツの Konstitutionalismus は、上昇する議会権力と下降期にある君主権力との間での、権力の相互抑制を意味していた。一九八〇年代以降、英語圏やフランス語圏を含めて「立憲主義」という言葉がキーワードになってきているのは、政治部門——直接投票によって自己表現する国民自身を含めて——に対抗する人権の確保ということが主要な内容となっており、その担い手として裁判部門が想定されている。

(13)　戦後出発期の日本社会科学は、西洋近代を規範化し——少なからざる場合、さらにそれをこえて社会主義社会に到達するための必要な前提段階としてであったが——「遅れた日本」をそれに近づける、という問題意識を共有していた。近年では、「もう歴史のモデルはない」「規範史学のナンセンス」として、そのようなかつてのあり方への多かれ少なかれ強い反発が、広い範囲にゆきわたっている。この点については、社会諸科学一般の場面と実定法学の場面とを区別したうえで、それぞれにつき考える必要がある。

前者について、「規範史学」という言葉が、論者の規範的立場を歴史の認識・記述に持ち込むことを意味するのであれば、それが、排斥されるべきことは当然である（勧善懲悪史観の近代版)。しかし、だからといって、問題関心ぬきで「客観的に」(没価値的に）対象に接することによって歴史認識が可能なのではない。論者それぞれの実践的な問題関心があってはじめて研究対象の選択と研究の着想が生まれるのであって、その意味で不可欠な「規範」的・評価的関心を自覚化することによって、認識と評価の混同を戒めることこそが大切なはずである。法学の領域でも、法現象をもっぱら対象として扱う仕事に関する限り、社会諸科学一般と共通のことがいえる。それに対し、法の解釈・運用に直接・間接にかかわる実定法学は、ことの性質上、「規範」的であるほかない。実定法学にとっては、西洋近代法——その核心に「人権」の観念を読みとることができるようなそれ——と、たとえばファシズムやスターリニズムや第三世界の開発独裁の法は、規範的に等価ではありえないのである。この点について、歴史家と法学者を含めた興味深い討議集、川北稔・鈴木正幸編

『シンポジウム・歴史学と現在』（柏書房、一九九五年）特に六七―七〇頁。

(14) Maurice Duverger, *Institutions politiques et Droit constitutionnel*, 15 éd., 1978, Paris, P. U. F., p. 33-34.

(15) 「社会主義は、資本主義経済の助けを借りずに、……『市民社会』を創出できるであろうか」と発問しつつ、「市民社会」として、「原子論的な自律的諸個人＝商品生産者の集積ではなく、むしろ団体的構造をもつがゆえに自律性を獲得した社会」を想定する議論（大江泰一郎『ロシア・社会主義・法文化――反立憲的秩序の比較国制史的研究』〔日本評論社、一九九二年〕三六六頁）が、ここで参照されるべきである。

(16) 千葉正士編『アジア法の環境――非西欧法の法社会学』（成文堂、一九九四年）所収の、編者による「結びにかえて」一七七―一七五頁。

※〔一五二、一六二頁への補註〕 この章が初出として掲載された『憲法理論の50年』は、「外国憲法研究の50年」として、アメリカ、イギリス、ドイツ、フランス、アジア、社会主義それぞれの「憲法研究の50年」をとりあげていた。

※※〔一五六頁への補註〕 但し、本文で「国民国家」という言葉でもって受けとめた項目は、坂本図式では「ナショナリズム」となっている。私自身の議論をする場面であえてそのような言い換えをしたのは、本書13章で主題にしたような、Nation の二義性についての私としての理解があるからである。

12 人権の普遍性と文化の多元性
——批判的普遍主義の擁護

［1997］

はじめに

一九八九年の夏、天安門事件から一ヵ月あと、一七八九年人権宣言二〇〇周年にあたって、ヨーロッパの一論壇誌はこう書いていました。——「ひとつの妖怪がヨーロッパを——地球を、ではないにしても——徘徊する。人権という妖怪が(1)」。

この妖怪はその後、一方で、旧ソ連東欧圏の体制変革をひきおこし、さらに実定法上、多くの諸国で憲法裁判制度という形をとり、経済の混乱と民族紛争という難題に悩みながらも、これらの諸国で受容されるようになりました。他方で、非ヨーロッパ世界では、「西欧の文化帝国主義の押しつけ」だという強い反撥が見られ、アジア経済圏の成長に裏づけられて、〈Asian Way of Life〉の自己主張が強くなっています。そしてほかならぬこの日本では、憲法五〇年の節目をむかえて、一種のアジア回帰、「近代の超克」という傾向が私には目につきます。

そうしたなかで、今日の報告に、「擁護」というタイトルを、あえてつけました。「あえて」というのは、二つの意味があります。まず、広く文化に関することがらについて、「普遍」を擁護するというのは、いまどき、およそ時代おくれで陳腐に見えるからです。しかし、知の世界で陳腐に見えることが、実は、現実の世界では——残念なことにあまりにしばしば——実現からはるかに遠い目標でありつづけているのではないでしょうか。つぎに、およそ学会報告で「擁護」を語ること自体、異例に見えるからです。あえてそうしたのは、社会科学一般にとっては異例であっても、そうすることによって、法律学、特殊には憲法学が前提にしているはずのことを明確に意識にもたらすことに意味がある、と考えてのことです。以下、レジュメに沿って話をいたします。

一　人権：西欧起源の個人主義近代の歴史的産物

人権すなわちhuman rightsを、「ヒューマンな生き方を確保するもの」というふうに広く解すれば、何が「ヒューマン」かは文化圏によってそれぞれ多様である以上、それぞれの文化がそれぞれの「人権」を持つ、ということになりましょう。しかしここで人権として問題にするのは、もっと狭義のもの、あえていえば最狭義のもの、「共同体から解放されると同時にそこから放り出された個人を主体とする、自己決定の確保」を中身とするものであります。そのようなとらえ方では現在の非西欧世界での「人権」の多様性を理解できないではないか、という批判が予想されますし、準備会でもそういう批判がありました。ここでは、にもかかわらずではなくてだからこそ、つまり、「人権」の「受容」と「変容」という問題設定を可能にするためにこそ、人権をひとまず狭義に設定するところから出発しようというのであります。

国際政治の当事者としてならば、広義の人権を論ずることに、意味があるでしょう。つい先ごろ、フランスのシラク大統領が五五人の経営者代表をつれて中国を訪問し、人権問題で「和解」したと報ぜられました。一九九一年の国際憲法学会世界大会でたまたま私が座長をしていたセッションで、ある文脈で中国からの出席者が、「中国ではみんな選挙権を持っているから人権はある。内政干渉はゆるさない」と発言したことを思い出します。そういう広義の人権観をとって「ここにも人権はちゃんとある」とまとめることは、国際政治のうえではおこりうることです。それに対する評価は、「市場の誘惑への屈伏」と見るか、「風でなくお日様で外套をぬがせる」と見るかは正反対だとしても、です。ほかならぬ日本でも、ちょうど一〇〇年まえ、一八九七年に「日本の歴史に於ける人権発達の痕跡」を論じた山路愛山は、こう言っています。――「此に知る日本の王室は建国の当初に於いて既に人権発達史の権化なるを。其徳沢の深く良心に入りて牢乎抜くべからざる者、固より深く怪しむに足らざる也(2)」。――この論評も、人権は決して日本にとって異物ではないのだ、「おしつけ」られたものでないのだ、という説得の論理として、実践的効用がないわけではないでしょう。しかし、比較法学の次元で議論をしようとする場面では、「みんな人権」では、それで話が終ってしまいます。そうならないために、方法上の選択として、ここで狭義の人権観念を出発点とするのだ、ということにご理解を頂きたいのです。

さきほど、狭義、いや最狭義の人権、という言い方をしました。あえて「最狭義」と言いますのは、西欧社会のなかでもそうだ、という意味です。ザ・人権宣言と目されてきた一七八九年の「人および市民の諸権利の宣言」の論理は、実は特殊フランス的であることによって、「普遍」と目されてきたのだからです。一方で Etat nation＝nation state への権力集中によって身分制中間集団からいわば doppelfrei な意味で解放された個人、そういうものとしての人一般を主体とする権利、としての人権です。「憲法」の意味を定義したあの宣言一六条の直接の言及は、「権利保障」と「権力分立」であり、この二つ自体は中世立憲主義にさかのぼる伝統を持つものです。しかし、一六条には直接出てこない主権、それも君主主権とちがって身分制と妥協する必要のない国民主権の裏づけを得ることによって、一七八九年宣言の「権利」は、ここでいう最狭義の人権、個人を主体とする人一般の権利となったのであります。

二 人権――その拡大のプロセス＝四つの八九年

「四つの八九年」という言いまわしで表現しようとしていることは、項目表に書いたとおりですから繰り返しません。(3) そういう「四つの八九年」のなかで、ここでいう最狭義の人権を定式化した一七八九年宣言が、格別の意味を占めるわけであります。

「拡大のプロセス」と書きましたが、それは同時に、人権に対する批判の展開史、そして、批判に対応するプロセスでもありました。少なくとも三つの批判が重要でした。第一はさまざまな社会主義の立場からの批判であり、これについてはあらためて説明するまでもないでしょう。第二は本国での人権が植民地支配のうえに成り立ってきたことへの批判です。出おくれた帝国主義の側からではありますがあのカール・シュミットのするどい警句、「植民地は völkerrechtlich には Inland で、staatsrechtlich には Ausland だ」という指摘がつくように、国内問題だとして外からの介入をゆるさない植民地は、立憲主義の適用という場面では外国あつかいだったからです。第三は、人権、droit de l'homme というときの homme が実は femme を排除したものではないかという、femminisme の立場からの批判です。

これらの人権批判に対面して、人権の側はジグザグの経路をたどりながら、批判に答えてもきました。ワイマール憲法以来の社会的諸権利の承認からさまざまな差別撤廃条約までの、実定国内・国際法のあゆみがそれです。実定法の整備自体がこれらの批判に完全に答え切っているわけではありませんし、実態となるとさらに多くの問題をかかえこんでいることはたしかです。それにしてもしかし、これらの批判は、人権の理念そのものを標的とするものではなかったといえましょう。それに反して、人権というコンセプトそれ自体に対する懐疑ないし弾劾が、問題とされなければなりません。それが、つぎの問題です。

三　人権＝個人主義近代の内側からの懐疑

これは、二つの問題に分かれます。

三—1　第一は、人権が想定する個人、すなわち、自己決定し、自己責任に耐える「強い個人」はどこにも居るというわけではない、実在するのは弱い個人ではないか、という問題です。

実在する個人の実態は、たしかにその通りです。実在する強者にとっては、もともと、人権による保護は要らないでしょう。人権というコンセプトは、実在する弱者が、にもかかわらず強者たろうとする意思を持つということを前提としているのです。「権利のための闘争」という言い方は、そのことを含意してきたはずです。

実在する個人が弱いからこそ、これまで、あるいは階級、あるいは民族ないしエスニシティの単位ごとの団結、ということが持ち出されてきました。しかし、個人が弱いから集団単位、という発想が解決をもたらさず、それどころか、場合によっては人権にとっての破壊要因になることを、人類は経験してきました。それでは、弱い個人を素直にみとめたうえで人権を再定義しよう、という方法は可能でしょうか。山崎正和氏の「柔らかい個人主義」(4)の提唱は、人権論にとって、そういう問題提起を意味していると解釈できます。

それによれば、デカルトからサルトルまで近代思想の多数派が信じてきたのは「剛直で硬質の自我の自己主張」という意味での個人主義だったが、今日の成熟した大衆消費社会では、「消費する自我」は「本質的に他人をうちに含んで成立」し「最初から他人と共存し、その賛同を得てはじめて自分自身を知りうる存在」なのだ、というのです。しかし、人権のコアをなす思想良心の自由を考えるとき、それは、「自分自身」を自分で問いつめるこだわりぬきに、成り立つものでしょうか。「硬質の」個人という想定がもたらす厄介さに耐えることなしに、個人主義は可能なのでしょうか。「柔らかい」「個人主義」とは、つまるところ形容矛盾なのではないでしょうか。

「強い個人」のフィクション性を指摘することは、社会契約による公共社会の成立の説明のフィクション性をあばくことと同様に、容易なことです。そういう意味で、人権という思想そのものが、「実在」への依存によってではなく、「虚妄」との緊張に耐えることを要求しているというほかないのです。

三―2 もうひとつ、個人主義近代の内側からの懐疑の論点は、第一の論点とは逆向きに、人権が想定する「強い個人」の自己決定は、世界と個人自身を破滅に導くのではないか、ということです。

思想の場面でも実定法の立法論・解釈論の場面でも、西欧社会で、妊娠中絶をめぐる論議はそういう意味を持っていました。そして、科学技術の飛躍的な展開を背景にして、今日、とりわけ生命倫理の領域で、問題がするどく問われています。「強い個人」は、その自己決定によって、生命までも操作できるか、という問です。

ここでもまた、実は人権という観念にはじめから内在していた緊張が、これまでになく鋭いかたちで露呈しているのだ、と見るべきでしょう。それは人権という観念の形式と内容ないし実質価値、contenant と contenu との間の緊張、container と content との間の緊張です。

近代法は、もともと、諸個人の意思によってとりむすばれる世界を想定しています。この、意思主義に対応する側面が、自己決定を可能にする枠組形式としての人権です。ところがまた、近代法は、人間意思によって左右されてはならない個人の尊厳という価値を、その倫理的前提としています。この、規範主義に対応する側面が、自己決定によっても否定されてはならない実質価値としての人権です。つきつめれば倫理的に両立しないこの両者の間で、きわどい均衡を求めゆくのが、まさしくiuris *prudentia* としての法学のメティエだという他ないでありましょう。

四　人権＝個人主義近代の外側からの弾劾

ここでも、問題は二つに分かれます。

四—1　第一は、「人権を説く西欧にはそれだけの資格があるか」という問題です。そして、旧・新両様の植民地支配から資源収奪・濫費まで、この問を支える切実な事実には事欠きません。

私は二つのことを考えます。まず、第一に、西欧の陰の部分に対する内部告発を可能にしてきたものこそ、人権の思想だったはずだということです。スペインの南アメリカ侵略に対する神父ラスカサスの告発をここで引用するのは、人権史の点からいって遡りすぎるかもしれませんが、例えばアルジェリー戦争やヴェトナム戦争に対する西欧世界内部での反戦活動をここであげることには、異論がないでしょう。第二に、ほかならぬ非西欧世界で、例えば一九四五年のヴェトナム共和国独立宣言が、まずフランスの人権宣言とアメリカ独立宣言にみずから言及していたことの意味です。ヴェトナムの人びとが、まずフランスの植民地支配、ついでアメリカの介入に抗して長く苦しい独立戦争を戦わなければならなかっただけに、かえって、この事実は、人権の普遍性を示唆するのではないでしょうか。

四―2 先を急いでつぎにゆきます。「人権のおしつけは文化の多様性、エスニシティのアイデンティティを殺す」、という主張についてです。

ここでつけ加えておきますが、第一の問題と共通なことがらとして、「個人主義近代の外側からの弾劾」というとき、それは、地理的に西欧世界の外側、非西欧世界、という意味ではありません。西欧知識人層内部からの弾劾が含まれることはいうまでもありません。

さて、文化の多元性をめぐる問題をあつかうとき、私は、対象事項と学問領域それぞれを分けて議論する必要があると考えます。

対象事項のちがいというのは、文化の多元的並立をみとめ、多様な文化の相対性を承認すること一般と人権という文化についての態度決定とはちがう、ということです。世阿弥とラシーヌ、バッハと新内の価値の序列をつけることは必要でも可能でもないでしょう。学問領域のちがいというのは、文化人類学の立場からは、カニバリスムの風習を持つ社会も、ひとつの文化として記述されるべきでしょうし、そこまで話を極端にしなくとも、近代法学の立場からすればとうてい承認できない刑罰を実体法上、手続上実施している文化のあり方も、それとして記述されるべきでしょうが、法学の議論が近代法の文化とそういう文化を等価に扱うわけにはゆかない、ということです。

そうしたことを前提として、人権――最初にもどって念押しすれば狭義の人権――を理念とする文化とそうでない文化との関係をどう考えるか。実はこの二つの文化はシメトリーの関係にはない、というべきだと考えます。人権という文化は、論理上、自己自身を批判する文化、その内部に論敵の存在を承認する文化です。歴史的にも、残念ながらつねにではないにしても、いくつかの重要な場面で、そうでありました。人権の文化の核心は、諸個人が各人のアイデンティティを選びとる自由にあります。それゆえにそれは、それぞれの文化がこの核心としての自由を承認するかぎり、文化多元主義と両立することができます。しかし、人権の文化に対抗して文化多元主義を主張する側は、しばしば、自分自身の内部では文化の多様性をみとめません。しばしば、伝統や集団のアイデンティティの名のもとに、諸個人各人が自分自身の価値を選びとることを拒否するからです。

おきまりの単純な西欧中心主義によりかかって人権の普遍性を論ずるのではなく、文化の相対性、「相違への権利」の主張が持つ意味をうけとめたうえで、しかし「もういちど普遍を考える」という問題意識は、人権宣言二〇〇年の節目に人権をさまざまな仕方で議論してきた一七八九年宣言の母国の思想界で、自覚的になってきているといえます。「ナイーヴな普遍主義への復帰」を拒否しながら、しかし、「絶体的な相対主義」は「あらゆる文化が等価だと主張」することによって、かえって対話交通の道をとざしてしまうことが、自覚されてきたからです。一九八〇年代以降のレイシズムは、「人権」にかえて「エスニシティ」や「文化」を、また、逆説的なことですが「差別」といわないで「相違」、「異種嫌い《ヘテロフォビー》」にかえて「異種ごのみ《ヘテロフィール》」をそのディスクールとして用いており、例えばフランスの人種差別論者ル・ペンの言説にもそれは見てとれます。そうであるだけに、このことは重要です。「相違への権利」「伝統」「共同体的価値」と集団のアイデンティティを尊重するという名目で、諸個人間の対話交通を切ってしまうこの傾向に対抗し、しかし同時に、「普遍」の名のもとに「相違」を地均ししてしまうことをも拒否しなければならないとしたら、とどまるべき均衡点はひとつしかないでしょう。それは、「普遍」を、「どんな具体的な歴史的実在ともとりちがえない」ことであり、「ひとつの引照基準、ひとつの願望、ひとつの指導理念」として位置づけることです。こうして、実在する西欧社会を「普遍の唯一の実体化」と見てしまうような

「にせの普遍主義」に対して、批判的普遍主義が対置されることになります(5)。

そのような文脈をふまえたうえでのことですが、ヨーロッパでよく読まれている憲法概論書のひとつは、ここでいう人権――この本は「デモクラシー」という、私にいわせれば多義的なコトバを使っていますが、――という理念の地球的展開を問題にする章を設けて、「アフリカでの失敗」「イスラームによる拒否」とならべて「日本における伝統とのサンテーズ」という三つの節を分けて論じています(6)。テーゼに対するアンチテーゼを十分にふまえたうえでの本当のジンテーゼが成立するかどうかは、「日本の伝統」を援用する改憲論の擡頭に対して普遍的価値としての人権理念を擁護できるかどうかによって定まることでしょう。かつての自由民権と大正デモクラシーが簡単に逆流にのみこまれたことのくり返しにならないかどうかは、速断できません。しかしともかくもグローバルな視点からすれば、西欧文化圏の外にあって人権理念を五〇年間掲げつづけてきたことは、そのこと自体、積極的にとらえられるべきでしょう。そういう意味で、私は、戦後日本憲法史を「空洞化」の歴史として総括する見方に反対です。その際、人権の「受容」がどういう「変容」を伴ってのことなのかについて、実定法運用上の例をあげながら論ずることは、必要があれば討論のときにゆずることといたします。

(1) 参照、私の『自由と国家』(岩波書店、一九八九年)二頁以下。

(2) 山路愛山「日本の歴史に於ける人権発達の痕跡」『国民新聞』一八九七年一月九、一六、二三日号。

(3) 学会報告の際に配布した項目表の該当部分は、以下のとおり。――

一六八九年　Bill of Rights：身分的特権という外被のもとでの、個人権への展望

一七八九年　Déclaration des Droits de l'homme et du citoyen：「人一般としての個人」の権利(homme と femme の問題は別として)

一八八九年　大日本帝国憲法：非西欧文化圏での屈折を伴った継受
一九八九年　旧東欧・ソ連圏での「憲法改革」
「四つの八九年」という私の定式化につき、参照、樋口『近代国民国家の憲法構造』（東京大学出版会、一九九四年）三三頁以下。

（4）山崎正和『柔らかい個人主義の誕生』（中央公論社、一九八五年）。

（5）Dominique Schnapper, Panser à nouveau l'universel, in *Revue Française de Science Politique*, 1991, p. 264 et s. は、数冊の書物の書評というかたちで、問題を、本文引用のように整理している。

（6）Bernard Chantebout, *Droit Constitutionnel et Science Politique*, Paris, 1997（14 éd.）, p.371 et s.

13 Nation なき国家?

——「国家」の再定位のこころみ

[1998]

はじめに

「国家」をめぐる言説は、いま、もっぱら「国家の相対化」の方向に収斂していっているように見える。しかし、その方向は、いまいわれているほど不可逆的で不可抗的なのだろうか。そうだとして、それは、諸個人の人権を究極価値とする立憲主義にとって、望ましいものなのだろうか。

「国家の相対化」が公権力の地球規模の統合へむかうとしたら——。人びとの自己統治の単位としての国家——いまの諸国家がそのような単位として適正規模なのか、は別として——を解体して、世界「連邦」とはいえ地球規模の権力単位をつくることが、歴史の教訓から現在志向されている分権化と矛盾しないのか、それほど権力は信頼してよいのか。諸国家間の権力分立、という観点を簡単に棚上げしてよいのか。

「国家の相対化」が公権力そのものの後退を意味するのだとしたら——。「国家からの自由」に何より執着してきた近代立憲主義の実定法体系は、国家の後退をただ歓迎すればよい立場にいるのだろうか。近代法が「国家からの自由」を核心として形成されたとき、それに先行する前提として、社会契約という擬制を媒介とした国家形成の論理があったはずである。人間に対するペシミズム（ホッブズ）とオプティミズム（ロック）という背景思想のちがいはあっても、自然の所与としての秩序ではなく、諸個人の意思の所産としての civil or political society＝国家のなりたちを説いたのが、彼らの社会契約論であった。合理的な形成物としての国家には、期待されてきた役割があった。宗教権力を抑制しそれにかかわる対立を整序するために、政教分離――あるいは少なくとも寛容――を制度化するという役割がそうであった。経済権力を抑制しそれにかかわる争いを合理的ルールにのせるために、経済・社会領域での規制と介入をひきうけるという役割もそうであった。そのような役割の放棄――そこまでゆかなくとも、役割の縮減――は、宗教権力や経済権力の復権に力を貸す「新しい封建制」（中間集団による個人への圧迫）に道をひらくことにならないか。

ところで、経済権力の争奪を主題としたはずの階級間の闘争は――その国際次元の今日的あらわれだった「東」「西」対立を含めて――、それがどれほど激しくとも、論理的には、階級の廃絶された社会を到達すべき目標として掲げることを通して、ともかくも、あるべき理念像を示すことができた。冷戦後の世界でふき出してきた民族間対立は、しばしば宗教間対立の復活とむすびついて、より深刻な様相を呈している。その対立は、「階級」対立の場合とは対照的に、「民族」の止揚という論理を含むことができないから、それだけ、論理上すでに理念・大義を示すことができないという矛盾をかかえざるをえない。

まさしくそうした状況のなかで、近代を特徴づけてきた Nation State の〈Nation〉と〈State〉それぞれの意味が、いまあらためて吟味される必要がある。あとでくわしく問題にすることがらを先取りして示しておくと、〈Nation〉の二義性が、何より問題となる。自然の所与としての「民族」＝ethnos を指すのか、それとも、社会契約という擬制によって説明されるような、構成されたものとしての「国民」＝

demos を指すのか。前者であるとするなら、それは、みずからの ethnos 性を自覚しはじめた単位ごとに、国家として際限なく分解してゆくか、または、一定の領域から他の ethnos を排除する（民族「純化」）してゆくことにつながってゆく。現に旧「東」の領域でおこっている悲劇は、そのような性質のものである。後者であるならば、そのような意味での「国民」を基礎とした国家は、ethnos 間の対立を国家形成の次元とちがった次元で調整する可能性を提供するだろう。ちょうど、かつて宗教的権力に抗して世俗化された国家（その貫徹形態としての政教分離）、つぎに経済的権力を抑制するものとして社会国家がそうであったように、ethnos 間の対立を制御するものとしての国家のあり方が、想定されるはずである。

1 Nation の二義性——ethnos と demos

近代国民国家の典型とされるフランスにとって、「国民」とは、言語（諸地方の言語をマージナルな地位に追いやってつくりあげられたフランス語）[2]、価値理念（一七八九年の「人および市民の諸権利の宣言」）を核として統合された、人為的な存在であった。共和制安定の段階（一八八九年）で国籍の出生地主義が成立したこ[3]とも、そのことに対応するものとして理解することができる。血脈ゆえでなく、価値によって統合された、人為としての国民への帰属を選択したとする擬制によって、出生地主義を意味づけることができるからである。

他方で、一九八九年以降の旧「東」側で、「帝国」の崩壊とともに噴出してきたのは、血脈や宗教（個々人が選びとるべきものとしてとらえられた宗教でなく、集団として実体化された宗教）を基準として自己主張する ethnos である。「西」側では、あえて類型化すればドイツがこのカテゴリーにあたる。ボン基本法は、東西分裂国家の一方であったという特性にも由来するのであるが、「ドイツ国民」(das Deutsche Volk) という表現のなかに ethnos の要素を含むものとなっている。一一六条は、「この基本法の意味におけるドイツ人 Deutscher」を定義して、「ドイツ国籍 die *deutsche Staatsangehörigkeit* を有する者」とならべて、「ドイツ国民たる亡命者または難民 Flüchtling oder Vertriebener *deutscher Volksgehörigkeit* もしくはその配偶者または卑属として一九三七年一二月三一日時点でドイツ国の領土に受け入れられていた者……」をあげている。現に国籍を所持している者以外でも「国民 Volk」たることが可能であるような概念設定は、前文（一九九〇年再統一による改正前）にも反映していた。それは（旧）西ドイツ構成諸州における「ドイツ国民 das Deutsche Volk」が「この基本法を制定した」とのべるのにつづけて、そのような「ドイツ国民は、共働することを拒否されたかのドイツ人たちのためにも行動した。全ドイツ国民 das gesamte Deutsche Volk は、自由な自己決定でドイツの統一と自由を達成することを課題としている」とのべていた。国籍についての血統主義も、[4]※そのような性格に対応する。ドイツ人のアイデンティティを、歴史的な運命共同体としての Volk の中に見出すのでなく、あえて連邦共和国基本法のもとでの Staatsbürgernation の担う規範的価値にこそ求めるべきだという Verfassungspatriotismus の主張をハーバーマスが提起しているのも、そして、そのような主張が強い反撥を受けているのも、それがドイツ的伝統に対する異論を意味しているからなのである。[5]

　そのような、自然の所与としての「国民」＝ethnos に対比するとき、人為の所産としての「国民」を、demos という言葉で呼ぶことができるだろう。二つの対照的な「国民」像は、論者たちによって、それぞれの表現で対比されている。一方に、ethnos–Kulturnation–blood があり、他方に、demos–Staatsnation–contract がある。[6] そして、前者に対応する国家のあり方を ethno-cultural Nation State と呼び、それを批判する見地から、後者に対応する国家のありかたをあえて意識的に精練すべきことを、State without Nation の名のもとに提唱するのが、スイスの公法学者トマス・フライナーである。[7]

ethnos の意味での Nation が State を構成しようとして続発する紛争を目前にして、一般には、Nation を重視する見地から State の存在感を稀薄化する方向で Nation State を相対化しようとする主張がある。それに対し、Nation を State とは別次元に位置づけ、彼自身の表現でいうなら「State が Nation の人質になってはならぬ」という見方をあえて打ち出すのが、フライナーの立論の特徴である。そのようにしていわば Nation から解放された国家を、彼は Soft State と呼ぶが、それは、国家を消極的に位置づけることを意味しない。反対に、国家のそのような再定義は、ethno-cultural Nation State を否定し、自然の所与でなく人為としての State を復権させようとする試みなのであり、そのような「人為」として、彼は「人類社会契約からの mandate」という観念を提唱する。しばらく、その説くところを見よう。彼によれば――。

ethnic and cultural unity としての nation は、定義上すでに矛盾をかかえている。最近なされている定義（Otto Dann）によれば、「われわれは、共通の歴史的過去に基づいて政治的な意思共同体(eine politische Willensgemeinschaft) を形成する社会を Nation と呼ぶ。ひとつの Nation は連帯共同体と目され、その構成員の法的平等を前提とする。それは、その政治文化についての基本的コンセンサスに依拠する。諸 Nation はたえず、一定の領土、その祖国を追求する。その最も重要な目標は、その生活関係の自己責任による形成、その領土内での政治的自己管理（主権）、すなわち自己自身のひとつの国民国家（ein eigener Nationalstaat）である」。しかしここには、少なくとも矛盾をもたらす六つの基本的要素があり、ethnic cultural nation を political unity としての国家と考える立場は、世界中で終わりのない紛争をもたらすことになるだろう。(8)

こうして彼は、六つの論点につきくわしく論及する。例示のなかからぬき出せば――。

第一に、「歴史」と「政治的意思」との矛盾――東欧諸国に住むドイツ人たちはドイツ nation の一部なのか。それとも彼らは、幾世紀も統合されてきた相手の nation の一部なのか。第二に、「平等」の矛盾――連帯に基づく共同体ゆえに平等、という定義からすると、nation に属さない人びとを対等以下に取扱うことが要求されるのか。第三に、「コンセンサス」の矛盾――政治文化についてのコンセンサスの強調は、分離主義を正統化するか、逆に、コンセンサスの強制を誘導しないか。nation への total loyalty という観念は、西欧諸国でのユダヤ人社会や日本での韓国・朝鮮人マイノリティを排除することになる。第四に、「領土」の矛盾――nation にはそれ自身の領土を持つ権利があるという主張は、最も問題が多い。その主張は、複数の nation に重複し合う権利をみとめることになり、それをめぐる紛争は容赦ないギリシャ悲劇となる。第五に、「主権」の矛盾――その主権が同じ領域内に住む他の nation によって主張されたら、どうするのか。第六に、「自己自身の国民国家への権利」の矛盾――ドイツ人が二つ、あるいは三つの国民国家（ドイツ、オーストリア、そして「スイス」）を持つ権利はあるのか。オーストリアと合体するドイツ nation の権利を含意するのか。ヨーロッパとアフリカからの移住者の melting pot として存在する権利をアメリカ合衆国に否定するのか。(9)

nation がその定義においてすでに多くの矛盾をかかえていることを指摘するフライナーは、他方で、そのような nation と、ウェーバーのいう意味で合法的暴力の領域内独占を本質とする国家とを、いわば分離しようとする。「nation は、それぞれの男あるいは女の影（shadow）なのだ。われわれは、この影をこわすことはできない。しかし、影が社会をコントロールすべきではなく、各人の合理的な思考と選択を彼らの情動（emotions）によって置きかえることがあってはならない。私たちは、nation の実態をうけ入れなければならない。唯一残る問題はこうなる。――かくも長く強く nation と結びついてきた State でもって、何をすることができるのか」。

「nation のあいまいな定義と、国家の全体主義的考え方の結びつきは、人類の生存にとって有害である。……国連憲章による侵略禁止は、nation のあいまいな観念が、それぞれの nation に他の nation を侵略者として弾劾する立派な可能性を与えているために、無意味なものとなっている。……しかし、nation の明確な諸概念を立てることによって問題を解決するのは不可能である。それらの諸概念はつねに矛盾し合う要素を含んでおり、nation はつねに重複し合い、少数 nation を侵害する」[10]。

こうして彼は、nation の合理的再編成をいわば断念し、State＝国家の概念に焦点を合わせることによってのみ、将来の紛争を克服する可能性があると考える。――「ナショナリズムの根本的問題は、国家の全体主義的考え方を再考することによってのみ克服可能である。国家は、政治社会（political, civil society）[11]の編成として限定されなければならず、人類存在のすべての部分に開放されていなければならない。国家はその nation の人質になることがあってはならない。national community は国家から分離されなければならない。national community の自己決定は、政治目標でなく文化・教育上の価値に限定されなければならない[12]」。

さて、その国家をどう構想するか。──これまで国家主権の絶対性は、一国家規模で想定されていた社会契約に基礎を置いていた。一六四〇年代のロンドンでホッブズにとって問題だった無秩序と混沌は、いま地球規模で対処を求めている。「環境問題と今日の紛争は、人類社会契約というフィクションに基づく理論形成を求めている」。それは、世界政府の考え方をとることを意味しない。「国家は、その領域内で生きているすべての人類の福祉と幸福を増進するために特別の授権 a specific mandate を与えられている。この授権は制限されている。外国人市民ないし nation ならざる者も人類に属するのだから、国家は彼らを恣意的に差別してはならない。……国家は、人類および／あるいは将来の世代の生存にとって有害でありうるいかなる目的をも遂行することができない。もとより、国家はこの授権を分割し、地方自治体や連邦構成要素、さらには国際組織へもその一部を与えることができる」。この授権に反する国家の行為（人権の重大な侵害など）があったときには、だからといって対抗実力による武力制裁が一般的に正当化されるのではない。そのような正当化は、結局のところ、最大の実力を持つ諸国家に、自分はコントロールされず、自分自身の戦略に従って権力を濫用する可能性を与えることになるからである。授権違反の国家に対しては、他のすべての国家に、当該国の責任を追及するために、交渉によって共通の場を見出すべき義務が課される、と考えるべきである。

他方で、彼は、nation が担う文化的関心は、国家によってでなく、文化主体としての nation 自体によって追求されるべきだと考える。文化多元主義と国家とのかかわりのあり方について議論されることが昨今多いが、フライナーの考え方は、ethnos の意味での文化の担い手としての nation と国家とを切りはなし、二つのものを別次元に置くことによって、多文化の共存と国家としての統合を両立させようとするものといってよいだろう(13)。

「Nation なき State」[14]という挑発的で刺戟的な定式化を投げかけることによって言おうとしたフライナーの問題意識は、しかし実は、他の論者にも少なからず共有されている。

ドイツの公法学者ウルリヒ・プロイスが、東欧諸国の憲法制定作業をめぐる状況と議論に即して「人民の憲法制定権力、Nation の概念と憲法」につき論ずる文脈でのべていることが、そこに関連する。

「憲法制定権力を行使する能力を持つために、人民は、それに先行する集合的アイデンティティを持たねばならぬ、としなければならないのか。〝われわれ合衆国の人民は……この憲法を制定し確立する〟――これは、人民という集合体が憲法に先行して存在することを意味するのか、あるいは、その集合体を創造するのはまさに憲法制定というその行為なのであり、従ってその憲法制定権力なのか？ ――もともとは、これは全くアカデミックな問題だった。しかしながら、東中欧での憲法制定プロセスを見ると、この問は決定的な意味を持つ。あきらかにこの問は、これらの社会が自分たちの national identity について持つ自己解釈にかかわる。憲法は、それぞれの人民の national identity の表明なのか、それとも civil society の政治的自己組織化の行為なのか。人民の憲法制定権力とは、本質的に、エスニックに同質的な nation の権力なのか、それとも、多元的で多様な社会の自己統治の能力なのか。[15]」

こうして彼は、nation を構成するものとして ethnos を考える見地と demos を考える見地を対置させて、こうのべる。――ドイツと東欧で優勢な考え方によれば、Nation は前政治的な共同体であり、人種、言語、宗教、文化、歴史などを起源とする特有性の共通性を特徴とする。ドイツの統一と外国人排斥の高まり、旧ユーゴの現状況は、Nation State がエスニックな同質性の意味で定義されていることに対応する。かつてオーストリア、ロシア、オスマンの三大帝国に対抗して向けられたnational self-determination（ウィルソン大統領）の主張が、新しい諸問題を解決するよりむしろつくり出したのは、帝国崩壊のあとにdemosを基礎とする国民国家が形成されなかったからである。そこでの自決は、外部の影響に対抗して向けられるethnosの自決であって、demosの政治的自律と自由――それならば政治的圧迫と社会不平等に対抗して向けられる――であることが少なかった[16]。

プロイスによれば、フランスの考え方は、市民の平等をnationの基礎としている。「政治的意味では、革命以前、あるいは、第三身分による憲法制定権の行使によってそれが創られる以前には、フランスというnationは存在していなかった。ドイツの場合とは反対に、革命前には、nationの構成要素となるべきだった共通のフランス語さえ、なかった……※※」。

「人民の憲法制定権力は、つねに、人民のethnicな要素とdemoticな要素とを包含しようとする。しかし、ethnosという測り難い力をdemosという責任ある権威に転化することが、まさしく憲法の原理なのである。それゆえ、憲法は、憲法制定権力によって創られたものだとはいえ、その創造者のもつ傾向、政治の構造に前政治的要素を導き入れようとする傾向に対抗して、つねに戦わなければならない[17][18]……※※※」。

二　ヨーロッパ統合をどう読むか

さて、これまでのべてきたような見方からすると、進行しつつある――曲折を経ながらではあるが――ヨーロッパ統合についても、もっぱら国家の相対化という観点からとらえるだけでない、もうひとつのとらえ方が示唆されるのではないだろうか。

ひとことで要約的に表現すれば、それは、ヨーロッパ共同体（ＥＣ）からヨーロッパ連合（ＥＵ）へと進んできたその方向が、一方では、ヨーロッパという連邦国家形成にむかっての可能性をさし示すと同時に、他方で、ヨーロッパ域内での、言語をはじめとする文化的多元性を確保しようとする努力を意味しているのではないか、ということである。

ウエストファリア条約以後主権国家として形成されてきた国民国家の自明性は、いま大きく動揺している。しかしそれを国家という観念そのものの撤退と同視することは、正確でない。これまで国家が多かれ少なかれ抱えこんできたethnosの要素を切りはなし、もっぱら「ヨーロッパ市民」というdemosの要素を基礎とするヨーロッパという国家――まさしくState without Nation――が、展望されていると見る可能性があるからである。これは、多かれ少なかれethnosと結びついてきたような国家の相対化であって、国家一般の相対化ではない。他面で、国家との距離を画されたethnosの要素は、自立し自律する単位として、文化の豊饒な多元性を支えるという方向性を与えられるのである。

マーストリヒト合意（一九九一年）以後ヨーロッパ統合をめざす方向は、諸国でそれぞれに、これまでの国内法システムとの調整を必要としてきた。近代国民国家の典型と目され、主権の観念の母国ともいえるフランスでの調整は、憲法の条項に従って、三つの段階を追って展開した。第一に、憲法五四条に従う大統領の申立をうけた憲法院が、マーストリヒト条約（一九九二年二月）のいくつかの条項は一九五八年憲法の諸条項に反し国家＝国民主権（souveraineté nationale）を侵すと判断した（一九九二年四月九日判決）。第二に、この判断をうけて憲法改正手続がとられ、八九条所定の二つの方法のうち両院合同会議（有効投票の五分の三の多数が必要）による決定がおこなわれて、条約のいくつかの内容が憲法条項として確認された（六月二三日）。それに対してこんどは国会議員の側から、マーストリヒト条約が改正後の憲法に反する条項を含んでいないかどうかにつき憲法院の判断が求められ、憲法院は、憲法違反の条約条項はないと判断した（九月二日）。それをうけて第三に、憲法一一条に基づき、条約批准の承認を目的とする法律案が、大統領によって人民投票に付託され、僅小差で可決された（九月二〇日）。この条約批准承認法律の違憲審査を付託された憲法院は、人民投票により採択された法律についての違憲審査を拒否した（九月二三日）。

かように、時間の間合をおかず次々と憲法に従ってとられた処理に対し、それでもなお、主権の所在にかかわる内容を含む変化がヤミでおこなわれた（changement clandestin）と批判し、内容にふさわしく正式におこなわれるべきだった（changement solennel）と論ずるのが、近年フランスの公法学者のなかで注目すべき仕事を公表しているオリヴィエ・ボーである。[19]

彼は言う。「一方で、形式的あるいは制度上の基準から判断するなら、ヨーロッパ連合はまだ国家の性格を持ってはいないが、実質からいえば、それは、国家の権力に類似する一方的な決定権力を次第に持つようになっている。他方で、構成諸国にとってプロセスは逆むきである。形式上は、諸国家がなお主権者であり、ヨーロッパ連合はまだそうでない。しかし実質上は、事柄は完全に変化している。というのは、『構成国は主権国家（souveräne Staatlichkeit）としての象徴的な標識を保持しているが、国家行為の核心にふれる行為諸領域にいたるまでその法的決定権を失っている』からである」。こうして彼は、構成諸国家の「非国家化」（désétatisation）とヨーロッパ連合の「国家化」（étatisation）が並行して進行しているという認識を示すのであり、[20] そのような認識のうえに立って、整然ととられたように見える一連の国内調整措置を、「正式」でなく「ヤミ」と批判するのである。つまり、主権の所在にかかわる憲法の変更は、憲法改正権によっておこなうことのできないはずのものであり、憲法制定権の主体である国民自身が直接に決定してこそ、その憲法変更は「正式」（solennel）なものになる、というのである。そのような立論の前提として、ボーは、憲法制定権と憲法改正権、「憲法」と「憲法律」を区別する点で、カール・シュミットの考え方をひきついでいる。[21] この興味ある論点については、しかし、ここでは立入ることをひかえ、ここでの議論の本筋、すなわちヨーロッパ連合の「国家化」というとらえ方に立ちもどろう。

ボーは、古典的な分類でいう国家連合（Confédération, Staatenbund）と連邦国家（Etat fédéral, Bundesstaat）のどちらの観念によってもヨーロッパ連合をとらえることはできないとして、カール・シュミットのいう意味での Fédération（←Föderation）の観念を援用する。それは、ボーの定式化によれば、「複数の国家が新しい実在のなかで継続的に結合することであり、その実在はだからといってそれら諸国家を廃さない」ところに特質があり、「その設定行為たるマーストリヒト条約は、複数国家間での主権の移転――ジョルジュ・ヴデルがまさしく主権の『交換』と呼んだところのもの――を組織することを目的とする、多当事者間の憲法制定行為」なのである。[22]

もともと、シュミットは、彼独自の「連邦」[23] 概念を提示していた。それによれば、連邦とその構成国はその両方が「政治的実存」でなければならず、「連邦と個々の、もしくは複数の構成国の間の実存的な抗争の可能性」[24] がつねに残され、「連邦の実存は、全く、この抗争の事態が事実問題として片づいていることに基づく」[25] ようなものでなければならなかった。それゆえ、アメリカ合衆国やワイマール憲法のドイツ・ライヒは、「もはや連邦」でなく、それら「連邦的基礎を持たない連邦国家」が連邦国家と呼ばれるのは、それらの国家の憲法が「連邦国家的性格を保持することをのぞんでいる」（強調は原文）かぎりでのことにほかならぬとされていた。[26]

ふたたびボーにもどると、彼は、「連邦制と主権――Föderation の憲法理論を建設する素材として」と題する最近作を公にしている。[27]

彼によれば、連邦と構成国の間で主権が分有されている状態をさす「二重主権」という表現が「単一不可分の主権にてらして無意味」とされてきたのは、伝統的な公法理論がFöderationないしres publica compositaという現象をとらえることができなかったからにすぎない。BundesstaatかStaatenbundかという二者択一[28]の議論を避け、歴史的・政治的現実に即した観察を可能にするのが、Föderationの観念だというのである。

これまでいわれてきた意味での連邦国家でも国家連合でもない新しい観念、Föderation/Fédérationという積極的定義でヨーロッパ連合をとらえること自体の適否そのものについては、ここでは留保しておく。ここでボー、さかのぼってシュミットの議論を問題としたのは、彼らが連邦国家↔国家連合の二者択一でとらえ切れない中間的なものとしてのFöderationにこだわったことを、われわれの問題意識──「Nationなき State」という問題意識──のなかに受けとめることができるのではないか、と考えるからである。彼らがFöderationという観念でとらえようとした中間的形態は、二つの要素から成り立っている。ひとつは、「ヨーロッパ市民」というdemosから成る人為の統治単位としてのヨーロッパ連合である。もうひとつは、それ自体としては多かれ少なかれ人為であっても「ヨーロッパ市民」との対比でいう限りでは自然のethnosを単位とする、ヨーロッパ連合構成諸国である。これら二つの要素が並存している構図を、単一国家一般、および連邦国家一般にもひろげて再定位するならば、それは、ethnosから解放されたdemosの集合としての国家の可能性を、示唆するはずである。

ヨーロッパ統合の進展は、ethnonsに依拠するような国家の相対化であるが、demosによって構成される公的結合としての国家の、むしろありうべき形態を先どりしている。ethnosを担い手とする文化は、構成諸国家次元、さらには地方次元で表現され、多文化の共存が追求されるだろう。demosの存立を支えるべき価値のもとでの統合は、多文化の共存と両立すべきものとして追求されるだろう。そして、ヨーロッパ連合のすべての構成国が参加しているヨーロッパ人権条約は、まさしくその統合要因となる価値理念と、それを実現する法的手段を提示している※※※。

「Nation なき国家」という定式化は、近代国民国家（Nation State）の歴史のなかに多かれ少なかれ含まれてきた ethnos の要素を意識的に国家から切り離そうとするこころみである。しかし、それは、一見逆説的に見えるが、近代国民国家の論理の否定を意味するのではない。全く反対に、もともと近代国民国家の範型とされてきたフランス型の論理を徹底させたところに出てくる帰結なのである(29)。

(1) 「自然の所与」といっても、まるごとの文字どおりの自然ではなく、つくられた要素を持つものであることには、注意しなければならない。「共同体は想像の産物」といわれるとおりである。

(2) よく知られたドーデの『最後の授業』は、普仏戦争の敗戦でドイツ領となりフランス語を教えることを禁止された先生と生徒をえがいているが、そのフランス語自身が実は、アルサス語にとっては抑圧的な関係に立っていた。ブルターニュ、オクシタニー、コルシカその他の地方の言語についても、同じことはあてはまる。

(3) 近年の「外国人問題」への対処という文脈のなかで国籍法制の改定（一九九三年の立法改正）がおこなわれ、出生による国籍取得にとって制限的な要素がとり入れられたが、出生地主義の原則そのものが放棄されたわけではない。

(4) もっとも、新しい動きもないではない。ごく最近、CDUの議員たちによって、一〇年以上ドイツに居住した外国人が帰化申請できること、適法に一定期間ドイツに居住する両親の、ドイツで出生した子はドイツ国籍を取得し、成年に達したときに二重国籍を解消して国籍を選択するものとすること、の二点を内容とする国籍法改正が、党内で提唱されている（*Frankfurter Allgemeine*, den 20. Juni 1996）。

(5) この点につき、ごく簡単に私の理解をのべたものとして、『転換期の憲法?』（敬文堂、一九九六年）三〇―三四頁。

(6) これらの対句は、Ulrich K. Preuss, Constitutional Powermaking for New Polity: Some Deliberations on the Re-

lation between Constituent Power and the Constitution, in *Constitutionalism, Identity, Difference, and Legitimacy*, edited by Michel Rosenfeld, Durham and London, 1994, p. 143がその行論のなかでキーワードとして用いている。なお、Kulturnation–Staatsnationは、フリードリヒ・マイネッケに由来する。

（7）　Thomas Fleiner, State-Nation-Netionalities-Minorities: New State Concept for a European Constitution, in Th. Fleiner/Nicolas Schmitt (Ed.), *Towards a European Constitution*, Fribourg, 1996, pp. 17–39.

（8）　Fleiner, *id.*, pp. 21–22. そこで引用されているダンの見解は、Otto Dann, *Nation und Nationalismus in Deutschland 1770–1990*, München, 1993, S. 12.

（9）　Fleiner, *id.*, pp. 22–29.

（10）　Fleiner, *id.*, pp. 30–31.

（11）　国家をさして〈political *or* civil society〉という言いまわしは、polis（ギリシャ語）とcivitas（ラテン語）が同義語であった沿革をふまえている。

（12）　Fleiner, *id.*, p.30.

（13）　Fleiner, *id.*, pp.32–33.

（14）　引用したフライナー論説は、もともと、ある研究会でおこなわれた報告をもとにしたものであり、その報告の標題は“State without Nation: Reconsidering the Nation-State Concept”となっていた。

（15）　Preuss, *id.*, p. 148.

（16）　Preuss, *id.*, pp. 150, 152–153.

（17）　Preuss, *id.*, pp. 151–152, 164.

（18）　プロイスがカール・シュミットを「デモクラシーのEthnicist Concept」の代表格として引き合いに出している点（Preuss, *id.*, pp. 153–155）については、同意できない。彼は、「アメリカ革命とフランス革命の自由民主主義的伝統を具体化した憲法として制定者たちによって考案されたワイマール憲法」を、シュミットは「ethnicistな仕方で再解釈することを試みた」のだ、と言う。demosをethnosにとって代えたことによるその再解釈として彼が引照しているシュミットの行論（C. Schmitt, *Verfassungslehre*, S. 234. 尾吹善人訳『憲法理論』〔創文社、一九七二年〕二八八頁）は、Volk（人民）の Gleichartigkeit（同種性）を語っているが、しかしその「人民」はまた、経済的概念としての階級と対比して、「政治的な存在」であることが強調されている。この文脈でシュミットを援用するのならば、同じ本の別の箇所（a. a. O., S. 49–51. 尾吹訳、六三―六五頁）がそれにふさわしかったであろう。そこでは、「憲法制定権力は、政治的に実存する存在としての人民を前提する。『国民』（Nation）という語は、含蓄ある意味で、政治的意識にめざめた・行動能力のある人民（Volk）を表わす」というとらえ方を前提として、シュミットは、フランス革命においてこそ「人民は国民となる」というところに、「フランス革命の政治的に偉大な点」を見てとっていたからである。

(19) Olivier Beaud, *La puissance de l'Etat*, Paris, 1994, pp. 484–485.

(20) *op. cit.*, pp. 488–489.

(21) ちなみに、ボーは、近年刊行された *Verfassungslehre* の仏訳（*La théorie de la constitution*, Paris, 1993）の巻頭に一〇〇頁に及ぶ大部のシュミット論を書いている。

(22) O. Beaud, *La puissance de l'Etat*, p.489.

(23) *Verfassungslehre*, S.373（尾吹訳、四五八頁）。

(24) a. a. O., S. 375（訳書四六〇頁）。

(25) a. a. O., S. 379（訳書四六五頁――訳文を少し変えた）。

(26) a. a. O., S. 389（訳書四七八頁）――シュミットは、ワイマール憲法が「諸 Stämme 一体のドイツ人民」（das Deutsche Volk einig in seinen Stämmen）という言葉を用いていることに注意を促している。プロイセン人民やバイエルン人民等々ではなく「ドイツ人民」しか存在しないのだ、というのである。同じ脈絡で、アメリカ合衆国憲法が、連邦形式をとりながらも《We, the People of the United States……》と書き出していることも、彼には重要であった。

(27) Olivier Beaud, Föderalismus und Souveränität: Bausteine zu einer verfassungsrechtlichen Lehre der Föderation, in *Der Staat*, 35. Band Heft 1, 1996, S.45 ff.

(28) a. a. O., S. 46–48.

(29)　一国の憲法の条項にまるごと単数でethnos（＝民族）を登場させようとする提唱が，ほかならぬ日本で出されている（読売新聞，一九九四年一一月二日）。ここではこの提唱についての評価を論ずることはしないが，その前提として，ethnosとdemosを論理上はっきりと区別したうえで，そのそれぞれに適合的な役割をわりふるという観点が，議論の際に共有される必要があろう。

※［**一七九頁への補註**］　その後，一九九八年の政権交代後の新政権（社会民主党と緑の党の連立）のもとで，出生地主義を導入した新法が成立した（一九九九年）。新法は，八年以上合法的にドイツに居住し，または，永住許可を得て三年以上経た外国人のドイツで生まれた子は，出生によってドイツ国籍を取得し，一八―二三歳の間に，ドイツ国籍か親の国籍かを選択する。同時に，帰化の条件もゆるめられた（一五年の滞在から八年へ）。

※※［**一八五頁への補註**］　ethnosの意味でのnationの構成要素のうちで，実定憲法上の表現として登場することの多いのが，言語である。一九八九年以後の東・中欧，旧ソ連内の諸国を通じてひとつのいちじるしい傾向として，「言語ナショナリズム」，さらには「アルファベット・ナショナリズム」の実定憲法への反映がある。一九九一年マケドニア憲法（一七条）は「マケドニア語とキリル文字」を，一九九〇年クロアチア憲法（一二条）は「クロアチア語とラテン文字」を，それぞれ公用語とすることを明記した。自然の所与としてState以前に存在するものとしてとらえられた言語への憲法による言及は，nation＝ethnosの観念の法的確認を意味する。そうであるだけにまた，たとえばクロアチア憲法にしても，「一定の特別の地域圏での」キリル文字の使用をみとめる留保をつけ，それなりの配慮を条文化しているのである。言語にかぎらず，nation＝ethnosの構成要素について憲法が規定を置くときには，多民族国家（Etat pluriethnique）あるいは一民族多国家（nation pluriétatique）に伴う問題性についての多かれ少なかれ切実な認識が背景にある。そこでは，なんらかの意味でマイノリティに属する社会層への関心が，積極的要素としてであれ，留保をつける場面での消極的要素としてであれ，はたらいている。

ただし，言語への憲法の言及は，文脈いかんによっては，正反対の意味づけをされる必要がある。その言語が人為的ないとなみの所産であることが明確に意識されている文脈では，その限度で，言語は，かえって，demosとしてのnationの統合の象徴という意味を持つからである。「憲法制定権力の行使以前」には「共通のフランス語さえ、なかった」（前述）とされるその国で、一九九二年の憲法改正によって「共和国の言語はフランス語である」（現在二条一項）とされたのは、そのようなものとして位置づけられるだろう。この条文は、「フランス語は共和国の言語である」という定式化（それだと、他の地域語を法律で公用語としてみとめても違憲にならない）を意識的にしりぞけてつくられたところに示されているように、フランス語の唯一公用語性を強調する。実際、フランスは、「地域語・少数民族言語に関するヨーロッパ憲章」への署名を拒否しつづけ、一九九九年になってようやく署名して同憲章が含む九八項目のうち三九項目を受け入れる意思を表明したものの、憲法院が違憲判断を示し（同年六月一六日）、まだ批准をしていない。しかし、九二年憲法改正の前年の憲法院判決（九一年五月一四日）が、「出自、人種または宗教の区別なくすべてのフランス市民（citoyens）によって構成されたフランス人民（peuple）」を憲法上の法的カテゴリーとして示している文脈では、言語への憲法の言及は、demos によって構成される国民国家への執着を意味することとなるのである。

※※※［一九〇頁への補註］　その後、ヨーロッパ連合それ自体としての基本権憲章が合意されている。二〇〇〇年一〇月のEC首脳会議で承認された「EU基本権憲章」（Charte des droits fondamentaux pour l'Union Européenne）は、自由権・社会権の二分法にかえて、「平等な尊厳」、「基本的諸自由」（「市民的・政治的」と「経済的・社会的」とを一括して）、「平等」（すべての領域に適用されるものとして）、「連帯」（社会権をすべて包括）、「正義」（すべての領域に適用される手続上の権利を指す）、という項目を立てている。

補論　マイノリティの憲法上の権利

［1999］

国際憲法学会の第五回世界大会（一九九九年七月一二―一六日、ロッテルダム、エラスムス大学）のセッションのひとつの主題として「マイノリティの憲法上の権利――地域的分権《リージョナリズム》を含む」がとりあげられ、スイスの Thomas Fleiner と私とが共同座長の役をつとめた。これまでの同学会の分科会のやり方は、国別報告を前提とした総括報告（三〇分程度）がまずおこなわれ、ついで国別報告者が発言（最大限一〇分程度）して、そのあと討論という形式をふむのが普通だった。それに対し今回は、ゼネラル・リポーターを立てることをやめ、また、発言者は読みあげる形の報告をしない、という共通方針を定めた。私たちのセッションはその方針になるべく忠実を期することとし、最初からいきなり論点ごとの相互討論に入るというやり方をした。日本からは常本照樹教授（北大）が周到な報告を事前に提出されたうえで（なお、事前に大会事務局に提出されたすべての報告が、学会事務局作成のCD-ROMに収録されている）、討論に、数度にわたって適切な仕方で介入された。

以下は、座長としてのイントロダクションの邦訳※である。「民族」という非理性的な情念をどのようにして理性の世界――法学＝「法の賢慮」（juris prudentia）はその一角で仕事をする――のなかに位置づけるかが、いま世界じゅうの至る所で問われている。「民族」への不用意な言及――複数形の諸「民族」のあいだの国内外での共存という文脈でなく、単数での「民族」の誇りを語ろうとする傾向――が有力新聞の憲法改正案から政治家たちの言動にまで目につく近年、「マイノリティの憲法上の権利」という主題の重要性と問題性の認識は、もっと広められる必要があろう。

このセッションの主題はいまとりわけ生々しい。この主題を学会にふさわしくとり扱うには、熱いハートと冷めた頭を持たなければなりません。

世界じゅうの殆ど至るところで日々くりひろげられている悲惨なドラマを前にして、私にとり特に感慨深いものがあるのは、私たちがこの国際憲法学会を、一九八一年にまさしくベオグラードで、今日激突の舞台となっていますがその時は東・西と南・北の対話の十字路だったその場所で、創設したのだったからです。

一 さて、古典的な憲法・憲法学は、今日私たちが問題にするような意味でのマイノリティの問題を、知っていませんでした。

たしかに、重要な例外はあります。一九世紀実証主義憲法学のひとつの集大成といえるゲオルク・イエリネックは、ちょうど一〇〇年まえ、一八九八年の *Die Rechte der Minoritäten*（森英樹・篠原巖『少数者の権利』日本評論社、一九八九年）で、この問題への理論的関心を先どりして示しています。彼の理論的関心は、民族上・宗教上・言語上のマイノリティの並存に直面するオーストリア・ハンガリー帝国の経験を反映していました。

しかし、イエリネックにとって、やがてやって来る二〇世紀にいちばん深刻な問題となるのは、階級間の対立、ブルジョアジーとプロレタリアートの対立と考えられていました。ところが、あらためて世紀の変り目にさしかかっている今日、致命的な問題として前面にあらわれているのは、疑いなく、民族・宗教・言語上のマイノリティの問題です。

こうして、私たちは、古典的形態のデモクラシーとマイノリティ保護の間の相互関係、および、両者の間でどういう選択をするか、その場合、その選択を適用するためにどんな方法があるか、という問に当面することになります。

二 まず、古典的形態のデモクラシーとマイノリティ保護の間にどんな相互関係があるでしょうか。

私たちの主題に関する二つの基本的用語の間の論理的な緊張関係——それは二つあります——を指摘するところからはじめることが必要でしょう。

まず、国際人権B規約（「市民的及び政治的権利に関する国際規約」——日本文の引用は公定訳による）の、かの周知の二七条の定式と、同規約一条の定式との間の緊張関係です。二七条は、「種族的、宗教的又は言語的少数民族が存在する国において」それら「少数民族に属する者」が有する権利を語っています。他方で一条は、「すべての人民は、自決の権利を有する」としています。つまり、マイノリティに属する者は「国」すなわち「人民」のなかで一定の権利を保障されていますが、その「人民」が、「自決の権利」を持ち、いいかえれば国内でマイノリティにどんな処遇を与えるかを決定しているのです。この潜在的な二つの対抗要素がどんな状況のもとにおかれるかは、マイノリティの種類に応じて、同じではありません。一般的な意味での「種族的、宗教的又は言語的マイノリティ」のほかに、少なくとも、先住民、および、それと反対に、いわゆる新マイノリティ（主として移民）を、区別する必要があるでしょう。

第二の緊張は、マイノリティの権利と厳格な意味での人権——すなわち個人たる人一般を主体とする権利——との間の矛盾です。B規約二七条の文言は、実際、この点について注意深いものになっています。というのは、条文は、権利の主体として、「当該少数民族に属する者」を権利主体として指定しているからです。ブロックとしてのマイノリティ集団ではなく、その集団ないし単位に「属する者」が「その集団の他の構成員とともに自己の文化を享有し、自己の宗教を信仰しかつ実践し又は自己の言語を使用する権利を否定されない」、とされているのだからです。

ところが、実際上は、条文ほどことがらが簡単ではありません。「……属する者」すなわち個人が権利主体だとしてもなお、マイノリティの権利の保障の目的——さらには大義——について、論理上可能な二つの考え方がありえます。ある人びとは、「種族的、宗教的、言語的」な諸文化の多元的並存・維持そのものを、目的として追求するでしょう。他の人びとは、終局的には、それぞれの個人の、自己開花の最大の可能性、すなわち、彼自身にとっての「よき生」の最大限の追求こそを、最終目的と考えるでしょう。後者にあっては、マイノリティの文化をそれに「属する者」が自分自身で選びとるからこそ――ということは、その限りでのこととして――彼にとっての「よき生」が確保されることになるのです。これら二つの考え方は、必ずしも予定調和的関係にはありません。マイノリティ集団は個人の生の開放力となりえますが、同時に、その集団への個人の反逆の可能性を保障できるかが問われるからです。

私たちがとりあげなければならない問題性は、こうなります。まず、マイノリティと人民の間の潜在的な対立、つぎに、マイノリティと個人の間の潜在的な対立――古典的な憲法学にとっての鍵概念とされてきた主権＝人民、そして人権＝個人の双方に対し、論理上の緊張関係にあるのが、マイノリティの権利保障の、基本的な問題性です。この二重の緊張を念頭に置きながら、おそらく論争的に対立しあう見解の交換をして頂きたい。

三 それでは、マイノリティの権利の保障のための憲法上の手段選択について、重要とおもわれる三つの論点を――これからの討論をそれに限定しすぎるようにはしないつもりですが――、以下に提示しましょう。

第一に――マイノリティの権利を保障するにつき、どんな領域を優先すべきでしょうか。むしろ文化の領域と考えるべきか、それとも政治の領域をも重要と考えるべきか。

第二に――マイノリティの権利の保障に適合的なものとして選択すべきは、どんなタイプの国家なのでしょうか。この文脈で、国家は――このセッションの共同座長であるトマス・フライナーの表現に従えば――支配的なエスニシティ集団の「人質たることから解放」されていなければなりませんが、どういうタイプの国家のあり方が考えられるでしょうか。

どちらかといえば統合型の国家が、ありえます。マイノリティの存在を認知したうえでなお、マイノリティの自己表現を文化領域に限定するタイプの国家です。他方で、それより明確に多元主義に傾いた国家がありえます。マイノリティ単位の声を、意識的に、統治制度のレヴェルにまでも表明させようとするタイプの国家です。

これら二つのタイプには、それぞれに、長所と短所があります。前者は、出自を問わず諸個人の自律と平等をみとめ、公共社会への統合を保障しようとしますが、その反面、エスニシティの要素に対して、多かれ少なかれ、抑圧的になるおそれがあります。後者は、エスニシティの要素により寛容であろうとしますが、その反面、多かれ少なかれ公共社会の分裂傾向をもたらし、「相違への権利」や「相違好み《ヘテロフィル》」の口実のもとで新しいセグリゲーションに導いてゆく危険があります。

第三に――マイノリティの権利の保障のために推奨されうる方法の問題です。基本的にいって三つのレヴェルがあるでしょう。まず、マイノリティに「属する者」それぞれについての義務の特別免除（教育や兵役や納税）および積極的差別是正措置です。つぎに、マイノリティ集団ごとの代表性を確保するための制度（特別枠の議席など）の採用です。最後に、地域的解決、連邦制や自治制を含むリージョナリズムの問題です。

※〔**一九五頁への補註**〕　原文は、近刊予定の Yoïchi Higuchi, *Le constitutionalisme entre l'Occident et le Japon*（前出一一八頁※を見よ）に、その第Ⅵ章として収めた。

14 西欧憲法学の相互認識

——「主権と自由」を素材として

〔2000〕

はじめに

近代化のはじまり以来、日本の憲法学は、たえず西欧の憲法学を参照しながらあゆんできた。比較憲法学あるいは外国憲法学の「過剰」ということが、しばしば言われるほどにまで、そうであった。(1)

それにひきかえ、日本の憲法学によってたえず参看・援用されてきた当の西欧文化圏の内部では、比較憲法論の見地からする相互関心は、必ずしも大きくなかった。

フランス近代憲法学の最初の標準的概説書というべきエスマンの『フランス及び比較憲法要論』(初版一八九五年)は、標題に「比較」と銘打つ書物という点で、異例なほどであった。(2) もっとも、そこでの比較対象はもっぱらイギリスであり、その時点でのドイツ公法学の蓄積を参照していないという批評に答えて、自分は「政治的自由を直接の目的とする」(モンテスキュー)憲法だけを研究するのだ、とのべていた。(3)この点については、ちょうどそれと反対むきのことも言えるだろう。「西欧」のなかでも、ドイツ公法学からする仏・英への関心は、それぞれの論者の「政治的自由」への関心のあらわれだったといえるからである。

一九八〇年代以降目につくのは、特定の外国に対する興味にとどまらず、――自国をも含めて、あるいは含めずに――複数の対象を文字どおり比較するという検討がおこなわれ、しばしば、自国の憲法伝統を相対化するという効果を伴ないながら、それがおこなわれているということである。(4)

そういう状況に触発されて、「西欧憲法学の相互認識」のありように、杉原泰雄教授が年来のテーマとして追求されてきた「主権と自由」という主題を素材として、接近してみようというのが、本章の目的である。主権論へのアプローチは、「民主主義の徹底」という観点からするものと、「人権の担い手としての個人の解放のための前提」という問題関心からするものと、大別して二通りがあるだろう。ここでは、近年の私自身の関心からして、後者に焦点をあわせることとする。

一　個人・国家・社会――一元論・二元論・三元論

最初の手がかりとするのは、ドイツの公法・憲法史学者キューネが、一七八九年人権宣言二〇〇年と東欧・ソ連圏での大変動を背景とした時点（一九九〇年）に公にした論説「フランス『人及び市民の諸権利の宣言』とアメリカ合衆国及びドイツとの比較」である。(5)

タイトルどおり、この論説で、彼は、仏・米・独三者を類型化する。彼が一七八九年人権宣言（DDH）、アメリカ合衆国憲法の権利章典（FBR）、および一八四八年フランクフルト憲法の基本権条項（FGR）を問題としてとりあげるとき、特に、結社の自由に対する態度（für か wider か）の違いを浮彫りにする。結社の自由についての「DDHの規範の沈黙は、断固とした拒否を意味していた」。それと同時期のFBRは、集会の自由を規定したにとどまり、集団については、「断固とした敵対」ではないが「空白」

(Windstille) であった。一七八九年以前の旧ヨーロッパで「身分的・コルポラティーフな特権 (Libertät) が自由確保にとって持った、あの良き意味を、アメリカ憲法は、その連邦制の構想によって捉えた」が、そのことによって、結社保障の必要は後景に退いたのだった。FGRはといえば、それは、「結社の完全な展開へと決断した。……その作者たちは……とりわけフランス革命期の理性法の非歴史主義に反撃しようとした、いわゆる歴史法学派を通して、革命前の自由概念と結びついていた」。FGRは、教会、少数民族、地方公共団体、連邦構成国家など特別な結社の保障を置くことによって、「今日の多元主義 (Pluralismus) の揺籃」ともなっている。

こうして、DDHは自由と統治をともに組み立て (freiheits-und herrschafts konstituierend)、FBRは統治を制限 (herrschafts begrenzend) することを第一義とし、FGRは、結局のところ、上記三つの要素すべてを考慮に入れようとしている。「DDHにおける個人のラディカルな優越とも、FBRにおける個人の不可侵の自由の領域の典型的な明示ともちがって、結社・中間団体の権力を位置づけ、今日の多元主義のための基礎を置いたことは、FGRのさらなる独自の要素である」。

こうして、つぎのような対比がおこなわれる。――「DDHには自由と国家支配との観念上の一致 (Identität) が存在し、FBRは個人の自由と国家支配との間の明瞭な対立を際立たせた。これら二つの文書の構造が、それゆえ一元論 (Monismus) および二元論 (Dualismus) によって規定されていたとするなら、FGRは、三元論 (Trialismus) に導かれ、そこでは、中間的諸権力に対してもみとめられる自由保障、およびそれと結びついた期待が、別箇の第三の要素をなしたのである」。――

ここで提示されている一元論・二元論・三元論という定式は、つぎのように考えるという留保のもとで、うけ入れてよいであろう。

まず、一元論と二元論の関係について。——封建的身分制からの個人の解放者として国家をとらえるという文脈で、自由と国家の「一致」が想定される。そういう意味で、それは一元論なのである。そこでは、身分的中間集団が否定されるから、国家と個人の二極構造が徹底され、国家は、個人にとって、旧秩序からの解放者であると同時に、最も強力な潜在的敵対者となる。近代フランスを通して多かれ少なかれ貫く反結社主義のもとで、個人を宗教（＝社会）から解放するための国家の役割を強調する主張（国家による社会からの自由としての政教分離）と、その国家からの個人の自由の擁護を主張する主張（国家からの自由）は、両立してきた。

フランス自由主義が実定法として確立した第三共和制期の主流の政治勢力は、Radicaux＝急進共和派であった。それは、政教分離を「ラディカル」に貫徹しようとする意味でまさに「急進」的だったのである。同時に、しかし、「第三共和制のイデオロギー」[6]とされるアランは、「権力を制限しコントロールするところのものすべてが、民主主義的であり、いうならば急進的《ラディカル》なのだ」として、「最も少なく顔を出し最も少なく消費する国家」を理想とした。権力とは行政官僚制であり、それを大臣が、大臣を議会が、議会を選挙民が、それぞれコントロールする。国家による社会からの自由を貫徹して中間集団を否定するからこそ、その国家からの自由に固執する必要も、それだけ強かったのである。一元論は、自由と国家の「一致」を想定するが、そのことによって個人と自由の二元的対立の可能性を消去してしまうのではなく、その逆なのであった。

二元論は、定義からして明らかなように、国家からの自由を強調する。その際、まず個人を解放するために中間集団を敵視する必要が小さかった新大陸では、個人と、諸個人の自由な結合としての結社を、とりあえずひとくくりにして、国家との対立構図をえがくことができた。二元論は、そのような意味で個人とその結合を、国家に対置し、その場面で、「優越的自由」を説くことになる。他方ではまた、やがて肥大化してゆく諸個人の結合＝社会的権力からの自由を、司法の介入によって確保する技術（基本権の私人間効力、典型的には State Action の法理）を、他国にさきがけて発展させた違憲審査制のなかで、定着させてゆく。それは近代から現代への推移のなかでの展開として位置づけることのできる性質のものであった。それに対して、実はフランスの政教分離も、国家が個人を宗教という社会的権力から引き離すことにおいて同じ論理構造をもち、但し、近代そのものの表現として意味づけられる点が、対照的である。

二元論と三元論の関係はどうか。――二元論は、結社容認型の自由観を持つが、諸個人の自由な結合を前提とした構図であるために、個人と結社をひとくくりして国家と対置する。それに対して三元論は、もともと身分的特権（Libertät）の担い手だった中間集団を原型としての構図であるから、それと個人とは、別の枠組でとらえられることになる。

最後に、三元論と一元論とではどうか。――三元論も一元論も、個人と国家に対して第三者である中間集団を、強く意識する。そのうえで強度な反・中間集団の立場をとるのが一元論であり、正反対に、その自由保障機能を重視し、個人と国家に対する三極関係を構想するのが、三元論なのである。[7]

二 フランスとアメリカ

「一にして不可分の共和国」「一般意思の表明としての法律の優位」――そういったキーワードで表明されてきた近代フランスの憲法伝統が、一九七〇―八〇年代に動揺をみせてくるのを背景として、まず、フランスからアメリカへの言及が目につくようになる。もっとも、それは当初、法学アカデミズム内部というよりは、その外側で、論壇・思想界での問題提起であった。

その文脈での、コーン・タニュジ（『国家なき法』一九八五年）やピエール・ロザンヴァロン（『福祉国家の危機』一九八一年）の議論については、すでに紹介したことがあるので、ここでのくり返しはひかえておく。[8]共通しているのは、さきに引いたキーワード、そこから引き出される一連の帰結――（社会に対する関係での）国家中心主義 statocentrisme・（裁判作用の役割をミニマムに抑止する）法律中心主義 légicentrisme がその最たるものである――と対照的なものとして、アメリカの状況をえがき出すということである。そのようにして自国フランスの憲法伝統を相対化しようとする志向は、ジャック・ジュイヤールの書名『ルソーの誤り』（一九八五年）に、端的に見出されるだろう。[9]

自国の憲法伝統の相対化は、アメリカからフランスに向けても、はじまっている。自国アメリカの憲法伝統とされてきたものを問い直すかたちでは、『ルソーの誤り』とほぼ同時期に、それとあたかも平仄を合わせたかのように、「トクヴィルの誤り――強い中央政府の擁護――」（一九八四年）[10]があった。この論説は、トクヴィルの『アメリカにおけるデモクラシー』の問題提起と警告への敬意を前提としつつも、「小さな政府」をいうレーガン「保守革命」にあらがって、「アメリカでの自由の拡大深化と強力な連邦政府の間の因果関係」を指摘するものだった。

その論点提起が「アメリカでも強い国家と自由の相関がある」というものだったとすれば、自由の前提を創出するものとしての主権国家の意義を、アメリカからフランスを見ることによって強調するのが、ごく最近の、ステファン・ホームズの「積極的立憲主義」論（positive constitutionalism）である。この議論そのものについては、すでに邦語による簡潔な紹介と周到なコメントをわれわれは持つことができているで、その参照を乞うことにしたい[11]。

ここでの文脈でいえば、さきに引照したキューネの「自由と国家の二元論」によってアメリカを説明するリベラリズムに対し、立憲主義をもっぱら権力抑制としてとらえる見方——それを彼は「消極的立憲主義」(negative constitutionalism)という——は「一面的」で「ミスリーディング」だと説くのが、「積極的立憲主義」の主張である。

「国家からの自由」で立憲主義を説明し尽そうともとれるアメリカ流の理解は、封建的＝身分的社会秩序から個人を解放するものとしての主権国家の役割を必要としなかったからこそ、成立しえたはずであった。新大陸にはアンシァン・レジームは存在しなかったし、アメリカ革命が矛先を向けたイギリス本国は、ピューリタン革命・名誉革命からすでに一世紀以上を経ていたからである。アメリカの経験を一般化することができないとすれば、立憲主義にとって、個人の解放者としての主権国家の役割こそ、肝要だったといわなければならない。

ドイツからそれをあらためて明確に摘出する議論の典型が、ディター・グリム(「自由主義的基本権理解への回帰?」一九八八年)である。彼は、「古典的な基本権機能としての侵害防禦」に疑問符を付けるかたちで問題を出す。アメリカでの成立史からはそう言えるとしても、「ヨーロッパでの基本権の母国、とりわけフランスに目を向けるなら、きわめて違った像があらわれる」。フランスとアメリカの革命は、「旧国家権力を革命的に排除し新しい国家権力を成文憲法の基礎のうえにうち立てた」点で共通だったが、「その出発点と目標の点で異なっている。植民地アメリカは一八世紀にすでに広汎に自由な社会秩序を享受し、母国によって邪魔されていただけだったが、フランスの社会秩序には自由と平等がなく、義務と拘束、身分の障壁と特権があった。それゆえアメリカ革命は政治権力を取り替えその濫用を予防することに尽きていたが、フランス革命にとっては、政治権力の取り替えは社会秩序の急激な改造の手段にほかならなかった」。

こうして、フランスでは、「基本権は、まずもって、国家を制限することにではなく、国家に行為を指示することに向けられた。その本来の用途からして基本権は、立法者にとって、ひとつひとつの権利を基本権適合的に改造するための目標基準であった。それは、基本権の客観法としての機能にほかならない。自由と平等の方向での社会秩序の改造ののちにはじめて、基本権は、フランスにおいても、アメリカではじめからそうだったと同様に、その消極的機能へと引きさがることができたのだった」[12]。

こうして、「基本権の客観法的機能」への着目は、「人間の尊厳」を確保するための「国家の基本権保護義務」という、戦後（西）ドイツでのひとつの主要論点と結びつくだろう（基本権保護義務については、後出**四**）。そして、国家の基本権保護義務という考え方が、近代自由主義の現代的変容ではなく、近代自由主義それ自体が追求した課題だったはずだ、という理解が示唆されることとなる。基本権の内容はもともと、社会そのものに向けられた価値規範だったのであり、個人の主観的権利としての防禦権としてよりも、国家により客観的価値秩序を構築し、それを社会にむけて貫ぬくところにあったはずだ、とされるからである。基本権規範の性格として〝主観的権利の主張を可能にするものでなく客観法でしかなかった〟という言い方で消極的にとらえられることがこれまで多かったのに対して、客観法であったことが積極的意味を持つという側面に、このようにして、注意がむけられる。

当のフランスにもどろう。ミシェル・トロペールの、「一七八九年人権宣言の解釈とジェファソン」（一九九九年）も、グリムの指摘と重なる。この論説は、一七八九年宣言起草時のジェファソン（初代パリ駐在アメリカ大使）とラファイエットの間の文書のやりとりを再点検し、前者のあたえた影響が「きわめて弱い」ものだったとし、権利宣言の性質・作用・内容についての、米・仏の考え方をあらためて対照的に示す。[13] それによれば――

アメリカで権利章典（Bill of Rights）は権力を制限し、フランスで権利宣言は権力を根拠づける。ジェファソンの考え方によれば権利章典は権力を制限するものである以上、明確な条項で具体的な権利として表現されなければならなかった。フランスの権利宣言は、権力を根拠づけるのであって、普遍的宣言となる。そこでの権利は、「一般意思の表明としての法律」「によって統治される権利」に帰着する。アメリカでは各人の「幸福追求」の権利を確保するために権力が設けられる。フランスでは、「市民の要求が……つねに憲法の維持と万人の幸福に向かうように」なるために、権利宣言が発せられる。――

かように、フランスから見た米・仏比較の中から、アメリカが、主観的権利の確保・権力制限の（好ましい）典型例としてえがき出される。他方で、アメリカから見た仏・米理解を通して、フランスが「積極的立憲主義」にとっての国家の（必要な）役割を示すものとしてとらえられる。さらに、ドイツから見た仏・米比較によって、フランスが、ドイツでの国家の基本権保護義務論への示唆を示すものとして光をあてられる。

三 フランスとドイツ

フランスとドイツの比較を相互の側からする場面での議論のなかでは、憲法制定権力論というかたちでの国家権力観を、ここでは取り出すことにしたい。

この点については、すでにはやく、カール・シュミットが、彼にとってのキーワードである politische

Einheint（ポリス＝国家の一体性）という観念との関連で、「フランス革命の政治的偉大さ」を強調していた。フランス革命こそが、国家権力の単一・不可分性（ここで彼はわざわざ、フランス語で、unité et indivisibilité と言い換える）を実現した、とうけとるからである。[14][15]

ところで、近年、旧ソ連・東欧圏での「帝国の分解」と新国家の成立を背景にした憲法制定権力論がひとつのトピックとなっているなかで、ウルリヒ・プロイスの仏・独比較が、興味深い検討素材を提供する。彼の「新しい政治体にとっての憲法による権力創設――憲法制定権力と憲法の関係についての省察」（一九九四年）をとりあげよう。[16]

彼の観察によると、「政治的意味では、革命以前、あるいは、第三身分による憲法制定権の行使によってそれが創られるまでは、フランスという nation は存在していなかった。ドイツの場合とは反対に、革命前には、nation の構成要素となるべきだった共通のフランス語さえ、無かった」。

そのような対比の前提となる問題意識として、彼はこう自問する。――「憲法は、それぞれの人民の national identity の表明なのか、それとも civil society の政治的自己組織化の行為なのか。人民の憲法制定権力とは、本質的に、エスニックに同質的な nation の権力なのか、それとも、多元的で多様な社会の自己統治の能力なのか」。

こうしてドイツとフランスを対比する彼は、この二者を、端的に、ethnos–Kulturnation–blood 対 demos–Staatsnation–contract という対句でとらえる。そして、フランスとの対比でとらえられたドイツの特徴は、ドイツだけでなく東ヨーロッパで優勢な考え方であったとして、彼は自分の議論の射程をひろげる。

かつてオーストリア、ロシア、オスマン三大帝国に対してむけられた national self-determination の主張（ウィルソン大統領）が問題を解決したというより作り出したのも、一九八九年以後、統一ドイツでの外国人排斥の高まり、旧ユーゴの「民族浄化」も、ethnos を基礎とする国家を形成しようとしたからだ、というのである。ethnos 単位の自決は外にむけての排除に向うのに対し、demos の政治的自律と自由を追求する方向は、内側の政治的圧迫と社会的不平等に対抗してすすめられるはずだ、というところに、彼の議論は展望を示唆する。[17]

フランスから見た議論はどうだろうか。ここでは、シュミットによって仕上げられた憲法制定権を反射鏡としてフランスの状況を逆に照らし出そうとする議論がある。シュミットの主著 *Verfassungslehre* の仏訳（一九九三年）に、一〇〇頁にもなる解説を書いたオリヴィエ・ボーによる、『国家の権力』（一九九四年）がそれである。[18][19]

一九九一年のマーストリヒト合意をきっかけとして急速に展開していったヨーロッパ統合のなかで、フランスは、これまでの伝統的な自国の国家観を表明した憲法と、統合を促進する条約との不整合に直面し、その都度、ひんぱんに憲法改正をおこないながら条約を批准する手続をくり返してきている。その経過に即しながら、ボーは、問題となっている憲法改正が、主権の所在にかかわる変更を、人民投票を伴わない改正手続でおこなっていることを批判する。主権の所在にかかわる決定は憲法改正権によってではなく、憲法制定権の主体である人民自身の直接決定によらなければならない、というのである。

フランスの憲法学では、第三共和制期以来、pouvoir constituant という言葉によって、実定憲法上で定められた憲法改正権のことを指すのが普通である。[20] それに対してボーは、憲法制定権と憲法改正権を区別し、それに対応させて「憲法」と「憲法律」を区別するシュミットの考え方をうけ入れて、右のような批判を展開したのである。シイエスにさかのぼればもともとこの観念の母国であったフランスで、このようにして、憲法制定権の観念がふたたびアプ・ツー・デートなものとして議論されることとなった。

その際、ヨーロッパ統合の進行に伴って、国家主権への制約を意味する措置をどういう手続でとるべきか、という実定法解釈論として問題とされていることが、いまの特徴である。それにくわえて、他方では、——ワイマール・ドイツとちがって——一九七一年以降の憲法院による違憲審査制の活性化のもと、憲法改正に対する違憲審査の可能性についての賛否が議論されるまでになったなかで、違憲審査権の限界というもうひとつの実定法解釈論上の論点と、潜在的にむすびつくことにも注意しておきたい。憲法改正権と別にその上位に憲法制定権を想定すること、それに対応して、「憲法律」と区別される「憲法」を想定することによって、憲法改正権による「憲法律」の変更を、憲法制定権によってでなければ動かすことのできない「憲法」を基準として評価判定することが論理的に可能となるとともに、「憲法」自身については、その変更をなんらかの基準によって評価判定する可能性を論理的に否定することができるからである。

この項でとり出した例は、つぎのような意味を持つ。ドイツから憲法制定権力論を媒介として見たフランスは、近代国民国家といわれるものが、自然の所与としての民族の国家なのではなくて、作為としての国家なのだということを、あらためてあぶり出す。国家の作為性の自覚があってはじめて、その国家が個人の解放者としての役割を果たすことができるのであってみれば、この点はきわめて重要である。他方で、シュミットを反射鏡としてフランスを照らし出すことによって、ヨーロッパ統合のための主権の制限を単なる憲法改正手続によってすることは不可能であり、憲法改正権の上位にあり人民だけが持つ憲法制定権の発動によってはじめて可能となる、という論理が導き出された。(21)

四　アメリカとドイツ

最初にあげたキューネの類型化は、一元論のアメリカと二元論のドイツを対比する。ここでは、いったんこの類型論から離れて、戦後西ドイツ公法学のアメリカの見方に着目した日本での研究を、とりあげることにしたい。藤田宙靖「ドイツ人の観たアメリカ公法[22]」（一九八六年）が、それである。「備忘メモ」という副題にかかわらず、各所に示唆に富む指摘を含むこの論稿のうち、ここでの脈絡に直接かかわる論旨をとりあげれば、こうなる。――

ドイツの公法学に伝統的な、「国家」と「社会」を対置する見解に対し、アメリカ流の「〝political society における government〟という思考モデルを採用することを提唱した」のが、エームケであった。エームケがアメリカ公法の基本的特徴として指摘するのは、「第一には、ドイツ流の『国家』概念の場合には欠落する、権力への参加による自由の獲得という視角、すなわちいわば、〝国家からの自由〟の確保ではなく、〝それ自体自由な国家構造〟の確立、という要請、第二に、他方で、超越的・中立的な『国家』によるのでなく、civil society の政治的自制による公共の利益の確保、という要請である」。このようなアメリカ思想の受け止め方の背景には、「伝統的な〝実証主義国法学〟に対立して登場し、〝統合理論〟の名を以て代表されるR・スメントの国家及び国法理論」があった。

藤田論文は、――この稿での文脈に沿うかぎりでの紹介をすれば――「しかし」として、そのような統合理論の系譜に属する学説のなかからも、アメリカ理論に対する批判があらわれてきたとして、「共同体の公の利益が等閑視されて来た」という、R・シュタインベルクの論稿を引照する。――「政治諸グループが、――私的な諸目的と並び――同時に仕えなければならないところの、団体の公の目的（kollektive, öffentliche Ziele）の内容、そしてそれを如何にして実現するか（Realisierungschance）」を問題にしなければならない。「とりわけ……実質的な公の利益の擁護者（Sachwarter）としての国家の使命（Beruf）が考慮されなければならない。そこでの公の利益・公共の利益（Gemein-wohl）の内容……は、組織化された諸利益間の、圧力と対抗圧力の機械的な均衡状態として認識されてはならないのであって、何故ならば、諸利益の多元的対立の中にあっては、一部の利益は、全くか、或は少くとも充分には、代表され得ないからである」。

以上見てきたところを、本稿の類型化のなかにとりこんで検討をくわえることにしよう。

ドイツの公法学にとって「伝統的」とされてきたものは、市民社会と国家を対置させてきた。それは、私的欲望の体系としての社会と人倫の表現としての国家という、国家優位の思想的構図を背景として持ちながら、法学の場面としては、その国家からの自由を、法治国家論として構成するものだった。それに対し、アメリカは、同じ国家からの自由という枠組が、ちがった実質的意味を持ってきた。それは、つまるところ市民社会が政府をつくる、という思想的構図を前提としてきたからである。

国家を相対化し社会を積極的にとらえる点でアメリカに関心を寄せ、しかし同時にその社会を公共性の枠のなかに引き入れ、公共性の担い手としての国家の役割をあらためて位置づける。――そこに、キューネの分類でいう三元論が場所を占めることとなる。

キューネのいう二元論＝アメリカは、個人と社会（集団）をひとまずひとくくりにして、国家からの自由を強調する。その際、社会（集団）は、諸個人という要素に解体されうるものとしてとらえられていることが、重要である。三元論にあっては、「社会」としてとらえられる集団は、諸個人には解体し切れないものとして想定されている。だからこそ、それは、国家からの自由の原則のもとに置かれるとしても、その役割が強調される度合いに応じて、国家の側からの干渉という問題関心が、顕在化するだろう。

二元論＝アメリカの場合でも、社会からの自由という問題が、憲法上の権利の私人間効力というかたちで議論されることは、前に見たとおりである。そこでの構図は、本質的に、個人の自由＝防禦権のいわば延長として、「国家から」だけでない、「社会的権力から」の自由が論ぜられる、ということになる。それに対し、三元論の場合は、社会＝korporativな諸集団からの自由が、いわば独立の項目として自覚的に位置づけられる。私人間での基本権保障が、「第三者効力」(Drittwirkung)という論理構成をこえ、国家の「基本権保護義務」(grundrechtliche Schutzpflicht des Staates)というかたちで問題とされるのは、この脈絡でのことなのである。[23]

その文脈で、これまでの多様な法学文献や連邦憲法裁判所の寄与をふまえながら、集団を、「民主主義憲法理論の枠組のもとで包括的に取扱」おうとするヘーベルレの論説(「民主主義憲法理論の対象としての諸集団」一九八一年)に注目したい。

「『内部矛盾』(集団の権力が集団内部の個人の自由と対立すること、など)の可能性があるからといって、集団志向的な出発点の修正は少しも必要でない」。——この一句に、その基本的立脚点が現われている。[24]

「基本権理論・憲法理論に照らして見た〝集団の地位〟(status corporativus)」を論じて、彼は言う。——「〝コルポラティーフ〟な、いってみれば〝集団動態的な〟基本権理解は、多次元的な基本権構造の枠内での一つの次元であることがわかる。それは、基本権解釈学および基本権政策の現代的発展の、暫定的な到達点である。その発展は、国家からの防禦という基本権理論から、客観的な、さらに、社会的および給付国家的な基本権理論へと推移し、多分一層強まったのだった」。——そのような認識に立ちながら、

「集団の内部での（in）、集団をもってする（mit）、そして必要によっては集団の前の（vor）、また集団に対抗する（gegen）、個人の基本権としての自由」を確保することが、問題となる。そこでは、集団＝社会を積極的に位置づけると同時に、個人の自由の確保にとって国家＝裁判所の役割が大きいことに、注意が向けられている。「裁判の国家独占の結果としての立憲国家による権利保護の任務は、裁判所を通して、集団の権力を市民の自由の有利のために規律し、どぎついその力の要求を切り去り、そうすることによってまた、次第に、多元主義の憲法を信頼性ある現実のものとするよう社会を構想してゆかなければならない。……基本権国家も市民デモクラシーも、集団の内部構造の前であまりに早く停止するには及ばない」。

ここには、三元論の世界、すなわち、社会と国家と個人とが均衡を保つべき三つの単位とされているひとつの像が、えがかれている。

（1）それにはそれなりの理由もあったのだが、ここでは立入らない。その点につき、前出第11章を参照。
（2）Adhémar Esmein, *Eléments de droit constitutionnel français et comparé*, Paris, 1 éd., 1895. による。
（3）第二版のための序文。Esmein, *op. cit.*, 5éd. 1905 による。
（4）その点は、一七八九年宣言の系譜をめぐっての、イエリネック（ドイツ）とブートミー（フランス）のかつての論争と対照的である。それは、相互関心の一例ではあったが、その内実は、「お国自慢」の変種といっては言いすぎだとしても、内在的理解への志向を共通にしたものとは言い難かった。イエリネックが一七八九年宣言にヴァージニア権利宣言が特別の影響を与えたとしたのは、そうのべることを通して、ドイツのとりわけプロテスタント改革思想の良心の自由が及ぼした影響力を指摘したのだった。対するブートミーにとっては、「一八世紀末のラテン精神の発露」、すなわち啓蒙哲学の表現が一七八九年宣言なのだった。

(5) Jörg-Detlef Kühne, Die französische Menschen-und Bürgerrechtserklärung im Rechtsvergleich mit den Vereinigten Staaten und Deutschland, in *Jahrbuch des öffentlichen Rechts der Gegenwart*, Neue Floge/Band 39, 1990, S. 1 ff. ここでフランス（＝一七八九年宣言）およびアメリカ（＝一七九一年の一〇カ条からなる、いわゆる権利章典）と比較されているのは、一八四八年ドイツのいわゆるフランクフルト憲法（結局のところ、三月革命の挫折とともに実定法としては不成立に終った）である。ワイマール憲法やボン基本法の基本権をどう読むかは、それ自体として議論を要する論争的主題である（部分的には、後出**四**で言及する）が、フランクフルト憲法の基本権観が、ドイツ的思考伝統として、二〇世紀の二つの憲法の理解の仕方にもなんらかの影響を及ぼしていることは、否定できない。その意味で、一七八九年のフランスおよび一七九一年のアメリカとそれを対比することには、十二分の理由があると考えられる。

(6) René Capitant, Les propos d'Alain, ou l'idéologie de la Troisième République, in *Mélange Negulesco*, Bucaresti, Imprimera Nationala, 1935, p.145 et s. は、アランの政治思想の表現として *Eléments d'une doctrine radicale* (N. R. F., 1925) をとりあげ（そのほか *Le citoyen contre le pouvoir*, Kra, 1926 と *Propos de politique*, Rieder, 1934 が重要だという）、「アランの言葉は、まさしく第三共和制のイデオロギーをうつし出す。それは、この体制の内なる秘密を、その偉大さと弱点とともに明らかにする」として、検討を加える。本文での引用も同論文によるが、もう一カ所つけ加えておけば、こうなる。——「どのソースで喰べてもらいたいか鶏に聞いた。われわれはそもそも喰べられたくないのだ、と答えた。人民に、誰に統治されたいか聞いた。われわれはそもそも統治されたくないのだ」というアランの文章を引きながら、カピタンは言う。——「少くとも——というのは、この警句は言おうとすることより少々言い過ぎているからだが——われわれは、自分たちの統治者を選ぼうとはしていないのだ」。

(7) なお、戦後西ドイツの公法＝国家学説傾向の整理として、「国家と社会の二元主義」と「一元主義」の対比が語られることが多い（そのことにつき参照、藤田宙靖「E・W・ベッケンフェルデの国家と社会の二元的対立論——現代西ドイツ公法学研究ノート（一）（二）」『法学』四〇巻三号、四一巻二号、同「財産権の保障とその限界——西ドイツ公法学におけるその一断面」『公法研究』三八号、同『行政法学の思考形式』（木鐸社、一九七八年）、栗城壽夫「西ドイツ公法理論の変遷」『公法研究』三八号。渡辺康行「『憲法』と『憲法理論』の対話——戦後西ドイツにおける憲法解釈方法論史研究――」『国家学会雑誌』一〇三巻一・二号以下は、「かつて日本において有力に説かれていた、ドイツ憲法学に関する『スメントシューレ』と『シュミットシューレ』の対立という整理図式の、意義と限界を探る」（同上（四）、一一二巻七・八号七八頁）という見地から、二つの学説傾向を問題にしている）。本文でとりあげた一元論・二元論・三元論とは次元の違う分類でありながら、問題意識として重なる観点が含まれているので、一言を要するであろう。

「国家と社会の一元主義」は、国家の地位と役割を相対化し、いってみれば「社会」の一形態として国家を位置づけるという意味で、「一元」的なのである。従ってそれは、個人と社会を区別しつつ国家以外の「社会」の要素を意識的に重視する、という意味でとらえれば、本文でいう三元論と結びつく。本来個人の意思によってつくられたはずの国家（社会契約論の擬制による国家の成り立ちの説明）を「社会」の中に埋没させるという効果を問題にするならば、一元・二元・三元論の類型化のいわば外側に置くほかないだろう。それは、個人に対する国家の優越（J・S・ミルのいう political oppression）よりもさらに個人の自由にとって脅威となる、個人が社会そのものにのみこまれる状態（social tyranny）を意味することになるからである。

他方で、「国家と社会の二元主義」は、個人と社会を意識的に区別することなしにそれを国家と対置し、国家からの自由を重視するという意味でならば、本文でいう二元論と符合する。一方で「欲望の体系」としての社会（bürgerliche Gesellschaft）を、他方では「人倫の表現」としての国家（Sittlichkeit des Staates）を対置し、前者に対する後者の優位を主張する、という文脈で語られるなら、これまた、本文での三類型の枠外に位置づけられる。

（8）　ロザンヴァロンにつき、私の『近代憲法学にとっての論理と価値』（日本評論社、一九九四年）一六〇―一六二頁、タニュジにつき、私の『近代国民国家の憲法構造』（東京大学出版会、一九九四年）六〇―六二頁。なお参照、山元一「《法》《社会像》《民主主義》――フランス憲法思想史研究への一視角――（一）（二）」『国家学会雑誌』一〇六巻一・二号、五・六号。

（9）　Jacques Juillard, *La faute à Rousseau*, Paris, Seuil, 1985. もっとも、そのような見方に対する強烈な反撥が、「フランスの特殊性」の再確認を求めるかたちであらわれるという局面もある。レジス・ドブレ「démocrate か、それとも républicain なのか」が、その典型例である。彼は、前者（アメリカ）にあっては「社会が国家を支配する」のに対し、後者（フランス）は、利害の対立と条件の不均等を法律（loi）の優位によって抑制する、として、〈république〉の意義を強調する（このことにつき、前出『近代国民国家の憲法構造』一〇七―一一三頁）。

(10) Henry S. Commager, Tocqueville's Mistake: A Defence of Strong Central Government, *Harper's*, vol. 269, no. 1611, August 1984, pp. 70–74.

(11) 阪口正二郎「立憲主義と民主主義・15～16」『法律時報』一九九九年六月号、七月号（→同『立憲主義と民主主義』〔日本評論社、二〇〇一年〕二三一―二五七頁）。

(12) Dieter Grimm, Rückkehr zum liberalen Grundrechtsverständnis?, in *Die Zukunft der Verfassung*, 2. Aufl, Frankfurt a. M., Suhrkamp, 1994, S. 221–240. なお参照、小貫幸浩「D・グリムの『市民社会論としての比較立憲史研究』に寄せて――人権（基本権）理解との交錯における」『高岡法学』八巻一号七三頁以下。

(13) Michel Troper, Jefferson et l'interprétation de la Déclaration des droits de l'homme de 1789, in *Revue française d'histoire des idées politiques*, no 9, 1er semestre 1999, p. 3 et s.

(14) シュミットのフランス観につき、前出『近代国民国家の憲法構造』四二―四六頁。

(15) 実際、シュミットによって「偉大」とされた、「かの有名なフランスの『単一不可分』定式に対する抵抗」がドイツを「連邦国家へと導いた」のであった（この表現は、Peter Häberle, 1789 als Teil des Geschichte, Gegenwart und Zukunft des Verfassungsstaates, in *Jahrbuch des öffentlichen Rechts*, neue Folge 37, 1988, S. 52. による）。

(16) Ulrich Preuss, Constitutional Powermaking for New Polity : Some Deliberation on the Relation between Constituent Power and the Constitution, in Michel Rosenfeld（Ed）, *Constitutionalism, Identity, Difference, and Legitimacy*, Durham and London, Duke University Press, 1994, pp. 143–164. ――彼の議論については、前出第13章でとりあげておいた。

(17) 但し、プロイスがシュミットを「デモクラシーの Ethnicist Concept」の代表格として引き合いに出している点（Preuss, *id.*, pp. 153–155）については、同意しがたい。そのことにつき、前出第13章一九一頁註(18)を参照。

(18) Carl Schmitt, *Théorie de la Constitution*, Paris, PUF., 1993. ――その冒頭にボーの解説が置かれている（Carl Sch-

mitt ou le juriste engagé, pp. 5–113.)。

(19) Olivier Beaud, *La puissance de l'Etat*, Paris, PUF, 1994. 特に p. 484–485. なお参照、山元一「最近のフランスにおける『憲法制定権力』論の復権――オリヴィエ・ボーの『国家権力論』を中心に――」『法政理論』二九巻三号（一九九七年）。

(20) そのような一般の用語法を意識したうえで、実定法上の憲法改正権を pouvoir constituant dérivé（派生した憲法制定権）、本来の憲法制定権を pouvoirconstituant originaire（始源的憲法制定権）と呼んだのが、ビュルドーであった。Georges Burdeau, *Traité de science politique*, tome IV, 2éd., Paris, L. G. D. J., p.259（彼の憲法制定権論全体は p. 181–295.）。

(21) なお、フランスからの独仏比較という点では、ルイ・ファヴォルーが中心になって書いた最新版の教科書 *Droit constitutionnel*（Paris, Dalloz, 1998）に触れないわけにはゆかない。この本は、ファヴォルー自身、その序文で「比較およびトランスナショナルな感覚」を、主要な特徴のひとつとしてあげ、とりわけ、フランスではじめて「基本権」(droits fondamentaux）という観念を体系のキーワードとしてとり入れたことについて、ドイツを援用しているからである（p.779 et s.)。そこでのそれ自体としては興味ある叙述については、しかし、本章の設定している問題視角とは重ならないので、ここでは割愛する。

同じ理由で、一九七一年以来の憲法院による違憲審査の活性化のなかで言及されることの多い、ケルゼンとのかかわりも、ここでは触れないでおく。法段階理論の主唱者でオーストリア憲法裁判所（第一次世界大戦後）の生みの親としてのケルゼン像については、私の『転換期の憲法？』(敬文堂、一九九六年）五五頁以下で、「今日のフランスにとってのケルゼン」を問題にするなかで、とりあげておいた。なお、同書一八一頁以下をも参照。

(22) 藤田宙靖「ドイツ人の観たアメリカ公法――『法治行政』と『法の支配』に関する備忘メモ――」(広中俊雄教授還暦記念『法と法過程――社会諸科学からのアプローチ』[創文社、一九八六年]) 五〇五頁以下。

(23) 国家の基本権保護義務についての包括的研究として、小山剛『基本権保護の法理』(成文堂、一九九八年)。とりわけ、保護義務と私人間効力との関係については、同書二二一頁以下。

(24) Peter Häberle, Verbände als Gegenstand demokratischer Verfassugslehre, in *Zeitschrift für das Gesamte Handelsrecht und Wirtschaftsrecht*, 1981, S. 473 ff.

あとがき

この本には、一九九〇年代後半に日本語で公にした主な論稿を収めた。その中でいちばん新しい第1章が、それらの論稿に共通する書き手の問題関心を語っているので、本書の序文としての意味をそれに託することにした。それぞれの章にあたる部分の初出時（本文の各章の標題の下にも、［ ］で初出の年を示しておいた）の標題と公表場所は、つぎのとおりである。収録に際して必要最小限の範囲で、補註をほどこした。

1 「近代理性主義擁護の最後のモヒカン？——憲法学にとっての二〇世紀」（『法律時報』七三巻一号、二〇〇一年一月）

2 「『知』の賢慮に向けて——知とモラル　そして知のモラル」（小林康夫・船曳建夫編『知のモラル』東京大学出版会、一九九六年）

3 「建設の学としての憲法学と批判理論としての憲法学——『学説と環境』という見地から」（『法律時報』六八巻六号、一九九六年五月）

4 「『近代的思惟』と立憲主義——『丸山眞男』とともに戦後憲法史を考える——」（杉原泰雄・樋口陽一編『日本国憲法五〇年と私』岩波書店、一九九七年）

補論 「『三教授批評』の眼力」（『丸山眞男集』第一〇巻、月報一〇、岩波書店、一九九六年）

5 「自由な民主的基本秩序の保障と政党の禁止——ドイツ共産党（ＫＰＤ）違憲判決——」（ドイツ憲法判例研究会編『ドイツの憲法判例』信山社、一九九六年）

6 「立憲主義の日本的展開」（中村政則・天川晃・尹健次・五十嵐武士編『戦後日本——占領と戦後改革・第四巻・戦後民主主義』岩波書店、一九九五年）

7 「立憲主義展開史にとっての一九四六年平和主義憲法——継承と断絶——」（深瀬忠一・杉原泰雄・樋口陽一・浦田賢治

編『恒久平和のために――日本国憲法からの提言』勁草書房、一九九八年)
8　「主権＝『ラスト・ワード』と裁判」(『山形大学法政論叢』一八号、二〇〇〇年)
9　「日本の人権保障の到達点と今後の課題――二つの判決を手がかりに――」(『針生誠吉先生古稀記念論文集・憲法の二十一世紀的展開』明石書店、一九九七年)
10　「〝コオル(Corps)としての司法〟と立憲主義」(『法社会学』五三号、二〇〇〇年)
11　「比較憲法類型論の今後――五〇年をふり返って」(樋口陽一・森英樹・高見勝利・辻村みよ子編『憲法理論の五〇年』日本評論社、一九九六年)
12　「批判的普遍主義の擁護――文化の多元性に対面する人権概念」(『比較法研究』五九号、一九九七年)
13　「Nationなき国家?――ヨーロッパ統合と『国家』の再定位のこころみ――」(北村一郎(編集代表)『現代ヨーロッパ法の展望』東京大学出版会、一九九八年)
補論「マイノリティの憲法上の権利――地域的分権を含む」(『法律時報』七一巻一二号、一九九九年一一月)
14　「西欧憲法学の相互認識――『主権と自由』を素材として――」(杉原泰雄先生古稀論文集刊行会編『二一世紀の立憲主義――現代憲法の歴史と課題――』勁草書房、二〇〇〇年)

それぞれの機会に思考と執筆意欲を刺激して下さった初出論稿作成時の編者・編集者に感謝し、また、この本につきお世話頂いた東京大学出版会の羽鳥和芳さんに御礼を申しあげる。

二〇〇二年五月三日

早稲田大学の研究室で

樋口陽一

著者略歴
1934年　仙台市に生れる.
1957年　東北大学法学部卒業.
現　職　早稲田大学法学部教授, 日本学士院会員.

主要著書
近代立憲主義と現代国家（1973, 勁草書房), 比較憲法（全訂 3 版, 1992, 青林書院), 憲法（改訂版, 1998, 創文社), *Le constitutionnalisme entre Occident et Japon* (Institut du Fédéralisme Fribourg Suisse, sous presse) ほか多数. 東京大学出版会から, 何を読みとるか―憲法と歴史（1992), 近代国民国家の憲法構造（1994), *Five Decades of Constitutionalism in Japanese Society*（編著, 2001).

憲法 近代知の復権へ

2002 年 7 月 10 日　初　版
2003 年 3 月 7 日　第 2 刷

[検印廃止]

著　者　樋口陽一

発行所　財団法人　東京大学出版会

代表者　五味文彦

113-8654　東京都文京区本郷 7-3-1
電話 03-3811-8814・振替 00160-6-59964
印刷所　株式会社理想社
製本所　誠製本株式会社

ISBN 4-13-031175-1　Printed in Japan